Luzifers Bekenntnisse

und

Einleitung in die Lehre von den sublunarischen Dämonen

Mein Dank geht an Peter Windsheimer für das Design des Titelbildes. Des Weiteren an Ariane und Michael Sauter.

Für Schäden, die durch falsches Herangehen an die Übungen an Körper, Seele und Geist entstehen könnten, übernehmen Verlag und Autor keine Haftung.

Copyright © 2011 by Christof Uiberreiter Verlag
Castrop-Rauxel Germany

Herstellung und Verlag:
BoD – Books on Demand, Norderstedt
ISBN 978-3-7357-3757-1

Alle Rechte, auch die fotomechanische Wiedergabe (einschließlich Fotokopie oder der Speicherung auf elektronischen Systemen), vorbehalten.
All rights reserved

1. Luzifers Berufung

Im ewigen Raume schwebt ein heller Geist und schaut mit großem Auge in die Fernen des Weltenalls in tiefstem Staunen:
„Wer bin ich?" – – „Was ist mein sein? – – Ich sehe nichts um mich als meine Klarheit. Mein eigen Ich erkenne ich, doch was bin ich? Mein Kleid ist Licht. Mein Fühlen, Denken reicht nicht weiter, als mein Auge schaut! – – Wo bin ich? Was hat mich geboren? – – Ich bin – – und war doch nicht, bevor ich lebte. – Was ist mein Sein? – – Ich fühle, dass ich bin und heißes Streben regt sich in mir, zu wissen – warum ich bin, weshalb ich ward? –
Im leeren Raum, der ohne End' und Anfang mir Wohnung scheint, Heimat und Zufluchtsort, da ward ich ausgeboren und fühle mich allein. – Soll einsam ich in diesem Raume bleiben, durcheilen ihn, stets ohne Zweck und Ziel?
Lass mich dich Kraft erkennen, die mich in's Dasein rief, die mir das Leben gab, die Einsicht, dass ich sei, in's Hirn mir pflanzte und das Bewusstsein gab: Ich bin! – Warum bin ich? – Das will ich wissen, muss es wissen! Antwort erwarte ich in heißester Begierde und wenn du bist, o Schaffenskraft, so offenbare dich! Zeig dich und sage, was dein Wille!"
Es rief ich einst, als mich die Kraft der Gottheit, die Allmacht in das Leben zwang und ich zum Wissen meines Seins gelangt – doch einsam war.
Ein lichter Geist war ich, der strahlend seine Macht erkannte, jedoch nicht wusste, wie sie zu gebrauchen.
Erwachend zum Bewusstsein, nicht in Vollkommenheit geboren, nicht weise so wie Gott, nicht im Besitz der Liebe zu dem Höchsten, den ich nicht kannte, nur in mir selbst und aus mir selbst die Schöpferkraft empfindend, durchreiste ich des Weltalls ew'gen Raum, Licht bringend überall, wo ich verweilte.
Dem Kinde gleich ward ich geboren, das wächst, dann fühlt und denkt. Das Menschenkind von Mutterhänden wohl gehütet, kennt seine Mutter anfangs nicht, weiß nicht, dass es aus ihrem Schoß ins Dasein trat – und dennoch ruft es weinend nach der Mutter. So rief auch ich nach meiner Mutter, – erst lallend, dann mit lauter Stimme, – doch ward mir nicht ihr liebes Angesicht.
Dem Schmetterlinge gleich, der aus der Puppe kriecht und furchtsam erst sein schönes Flügelpaar entrollt, um dann mit schwachen, stetig stärkeren

Schlägen die Kraft der Schwingen zu erproben, bis sie ihn hoch in sonnendurchwärmte Lüfte tragen, so wagte auch der Erstgeborene Gottes, der ich bin, die Schwingen seines Geistes zu entfalten und suchte seine Mutter.

Wie ist's dem Kinde wohl am warmen Mutterherzen, wie schmiegt es sich an ihre Brust und trinkt mit Lust die Nahrung, die sie freudenvoll ihm bietet – Ihr wisst nicht, Menschen, welche Gnad' euch wurde, als Gott der Herr euch jedem seine Mutter gab.

Ich habe meine Mutter nie gesehen, hab' ihren warmen Hauch, den Kuss der Liebe, den sie auf's Haupt des Kindes drückt, nie wie das kleinste Menschenkind empfunden. – Ich ward geboren ohne dieses Glück, war da, erblickte nie die Kraft, die mir das Leben gab und mich zum Wachstum eines Daseins im weiten Ätherraum des Weltalls zwang.

Ich fühlte klar, dass eine Kraft bestand, die zeugend mich zum Werden ausgeboren, dass ich nicht selbst ein Leben mir gegeben, das schlummernd erst im tiefem Weltraum ruhte, und dann erwachend sich als Ich erkennt. Ja, ich empfand: Die Schöpferkraft, die mich durchströmte, kam nicht aus mir, sie drang von Außen in mein Ich, ergriff, durchglühte voll mein ganzes Wesen und sprach als ew'ger Geist zu mir, dem ersten dienenden Geschöpf. Gewaltig fühlte ich den Hauch der Macht, doch nicht wie Mutterliebe, nein, wie Sonnenglanz und Sonnenwärme, die den wegmüden Wandersmann umgibt, der sich am Waldesrand im Sonnenstrahle badet.

Was ist das Glück des höchsten Machtempfindens, das sich in mir, dem Erstgeborenen vereinte, nur gegen einen Tag am warmen Mutterherzen, das ich nie gekannt.

Mir ward die Gottheit nur der Zeuger meines Seins, stets unsichtbar, nicht Mutterleibe gebend, doch Kraft und Macht, Licht aus mir strahlend und verbreitend, Licht, das die Finsternis durchdrang, und die mir ernst gebot: „Gebrauche die verliehenen Kräfte und schaffe, was ich nach meinem Plane dir gebiete!"

Ich tat es gern, getrieben von des Ewigen Willen und fühlte wie in ihm mein eigener Wille wuchs!

Der Flug der Zeit entstand in mir, denn die Geburt des Erstgeborenen heißt und bedeutet den Anfang aller Dinge, die da sind im Weltenraum der Ewigkeit.

Die Zeit begann den Flügelschlag zu regen und führt noch heut das Zepter der Geschehnisse im All. Mit dem Begriff der Zeit, mit ihrem Walten, ward mir das Wissen bald vom Anfang aller Dinge und dass der Wirbel eines

Schöpfungstages zwar von der Ewigkeit ward ausgeboren, doch Anfang auch ein Ende muss bedingen. Der Anfang, der war ich. – Es wurde keine Antwort mir gegeben.
Ich rief nach dem, der mich gezeugt und sieh, – da klang in mir die Stimme wieder, die schon einmal mir anbefahl, die Kräfte zu gebrauchen, die mir gegeben, nicht zum eignen Spiel, nein, nach dem Plan, der sich entfalten würde.
Ich wusste nichts vom Plan der Schaffenskraft, ich wusste nur, dass einsam sein ein grausames Geschick. Ich sehnte mich, nicht mehr allein zu sein.
Ich wünschte heiß, Gebilde zu erschaffen, die so wie ich gestaltet und beseelt, mit mir der Zeiten Lauf empfinden und bestimmen.
Es wurde mir, als tauchte ich in Licht und Glanz. Ein Wort, dem Blitze gleich durchzuckt mein Herz, es folgten andere und klar vernehmlich tönt es in mir: „Du bist das Bild der Urkraft, die dich zeugte, jetzt zeuge du mit festem Willen. Stelle die Bilder, die in dir sich lichten, aus deinem Ich hinaus, hauch Leben in sie ein! Die Macht ist dir gegeben! Werd Vater neuer Geistgeschöpfe, die dir gleichen. Du bist aus mir entsprossen als mein Sohn, bin Vater dir und Mutter!"

2. Luzifers Schuld

Mit stolzer Freude füllte sich mein Sinn. Ich – Erstgeborener der Gottheit, die ihre Macht in meine Hände, meinen Willen legte und mir befahl zu schaffen, zu erwecken. – Konnt' sie es selber nicht? – Bedurfte sie, die in dem All die weiten Fernen zwang mit ihrem Willen, auch durchdrang, des sichtbaren Geschöpfs – so war ich selbst wie Gott, denn seine Herrlichkeit konnt' ohne mich zu Taten nicht gelangen. – So dachte ich, nachdem anfangs mit Zagen, dann weiterhin in Sicherheit und Ruh ich alle Kräfte prüfte, die mir wurden. Der Anfang war ja ich, das Ende schreckte nicht. Dass es jemals ein Ende geben könne, das mir die Macht entreißen, den Willen brechen könne, Halt gebieten dem Eigenwillen missverstandenen Könnens, kam nicht in meinen Sinn. Ich war der Erste, konnte ich der Letzte werden?
Ich schuf, was mir die Gottheit hat geboten und bald umgab mich eine

Schar, die wesenhaft wie ich, in mir den König, ihren Herrn erkannte, die, nur durch mich erfüllt mit starken Kräften. Den Raum bevölkerte und anderes erzeugte. Sie beugten sich auch meinem Willen, sie führten aus, was ihnen ich gebot, doch merkt' ich nicht, dass neben diesem auch ihr eigener erwachte und in dem Drang des Selbsterwachens zu eigenen, mir fremden Taten führte.

Allgegenwärtig war ich nicht, auch nicht allwissend, auch nicht voll Demut, die da sagt: Nur was der Vater will, erfährt der Sohn, was er ihm offenbart – – und darum musste mir verborgen bleiben, was hochmutsvoll in meinen Söhnen gärte, die ich, wie mich die Gottheit einst, geboren.

Der Schöpfer gibt, was in ihm ist, den Wesen, die seiner Hand entsprießen. Ist nur ein Keim vorhanden, wird's ein Baum. So wuchs aus erstem Keim, der nicht erstickte, als ich die Macht der Gottheit mehr erkannte, in meiner Schöpfung auch das Unkraut auf, das auszurotten wäre Pflicht gewesen, doch das ich pflegte, weil ich herrschen wollte.

Was heißt nun herrschen im Sinne Gottes und in meinem? – Die Unterscheidung ist so einfach und dennoch steht sie nicht im Sinn der Menschen, die beides oft verwechseln.

Wenn Gott, der Herr, das All beherrscht und seine Wesen, so ist der Urgrund stets das Glück allein, dem seine Liebe zuführt, was da lebt. – Nicht soll im Sklaventum der Mensch hinschmachten, nicht dienen dem Tyrann des Weltenalls, der strafend, richtend in der Ferne weilt, die unnahbar und unerreichbar ist, aus der jedoch er Blitze schleudern kann, die zornig seiner Hand entfahren, sobald der Mensch sein streng Gebot versieht. –

Nein, – herrschen heißt ihm – – Weg bereiten zum Glück und Heil, damit in Liebe die Wesen sich dem Höchsten nähern können, wenn sein Gesetz sie sich zum Ziele nehmen, das nur allein vereinigt beide. – –

Nicht launisch ist das Sollgesetz des Höchsten. Es zeigt nur den einzigen Weg zum Heil, kein anderer ist gangbar, ist zum Ziele führend.

Ist Herrschsucht da, wo Liebe nur befiehlt? – Ist Zwang vorhanden, wo das Herz gebietet und in Gehorsam zwar geübt, ihn ausführt durch Erkenntnisfähigkeit.

Bewundernd steht das Wesen nah' dem Throne, dem es sich nähern kann voll ehrfurchtsvoller Demut. Vor Gottes Weisheit fromm erschaudernd, die Wege seines Heils erkennend, beugt es in heißer Dankeslieb sein Haupt und betet an die Heiligkeit des Vaters, nicht voller Scheu und Ängsten, nur voller Dankbarkeit, Bewunderung und Liebe.

So herrschet Gott im All. Nicht seine Ehrsucht, seiner Söhne Glück und seine Vaterfreude lenkt sein Gesetz, nicht Machtgefühl des Herrschers.
Wollt ich dasselbe nun? – Ich will's bekennen!
Ich ahnte wohl, – ja wusste, was der Herr verlangte und dennoch trat ich ihm entgegen im Machtgefühl, das er mir erst gegeben.
Warum ich's tat? – Auch das will ich bekennen! –
Sagt mir, wer ist am mächtigsten? Der, der die Macht besitzt im Wort oder ist's der, der sie besitzt durch Tat?
Der König hat das Wort, treibt seine Diener an. Ist einer ungehorsam, wird er durch andere bezwungen. Doch, fehlen diese Diener, wie ist es dann? Wird nicht ein Ringen um die Macht entstehen? Kann sich der Diener nicht in seinem Glauben täuschen, dass ihm die nur verliehene Macht verbleibt, dass er sie an sich reißen kann, ja muss, damit der Geber nicht einst Töter werde? Verkennt der Diener seinen Herrn, weiß nicht, dass Liebe nur in seinem Urgrund wohnt, die er als Elternliebe nie empfand, so ist der schwere Irrtum stets ermöglicht.
Wer irrt, verbeißt sich leicht in falsches Wollen, glaubt Recht zu haben, wenn er Unrecht hat und ist er stolz auf seinen Rang, sein Können, so wird er mit Gewalt behalten wollen, was Gnade ihm einst gab. Verwirrt ist bald die rechte Wahl der Mittel, der Eigensinn, der Hochmut stellt sich ein und größer als der Meister dünkt sich der Lehrling.
So ist es bei den Menschen auch noch heute. – Auch ich dacht menschlich, irrte und verstockte.
Was nun aus meinem Inneren entströmte, ein falsches Denken, falsche Taten, fand Widerhall in meiner Schar. – Auf nahm sie, was in meinem Hirne gärte, und so ward ich der Zeuger auch von dem, was in dem Lauf der Zeit sich widerspiegelt – als Satans Bild.
Weh euch, ihr Väter und ihr Mütter, vernichtet ihr in euch nicht die Begierden. Sie keimen auf und wachsen in den Kindern. Sie überwuchern leicht die besseren Gefühle und schaudernd seht ihr dann zu Taten werden, was ihr selbst zu denken nimmermehr gewagt. – Entrinnt der Mensch der schweren Hand des Zwanges, wenn dieser auch zu seinem Besten ist, hat er nicht die Erkenntnis sich errungen, dass das Gesetz des Herrn sein Heiligtum, so stürzt er sich in alle Leidenschaften, in Hass und Zorn, in blindes Wüten, und statt zu himmelshöhen aufzusteigen, vernichtet er sich selbst, schafft sich die Hölle.
Der Zeuger in den Gezeugten und diese bilden aus, was ihnen ward. Bald übertrifft der Sohn den besseren Vater in dessen Fehlern, falschem Tun,

wenn nicht das Licht der Wahrheit ihn erhellt.

Versteht, – es ward durch mich das Samenkorn der Zwietracht ausgestreuet, doch übertroffen ist mein falsches Wollen worden von jener Schar, die mich als Vater kennt.

Ich will mich nicht entschuld'gen, will schwere Schuld nicht von mir wälzen, will nicht entziehen mich den Folgen, doch Wahrheit will der Welt ich geben, die mich als Schild vor ihre Sünden stellt.

3. Luzifer, der Satan?

Prinzip des Bösen soll ich sein, der Gegenpol der Gottheit, die das Gute, ja das höchste Lieb' und Weisheit in sich fasst, – und doch Erzeuger dann des Bösen ist??!

Sagt nicht der einfachste Verstand, sobald er nur begriff, dass der Erzeuger nur das vergeben kann, was in ihm selbst, dass dann in Gott das Böse gleichfalls ruhte? Wie hätte er mich sonst erschaffen können?

Im höchsten Wesen wohnt dann neben Gott – der Teufel, und, wenn sie sich getrennt, bin ich so ewig als es Gott, bin ich nicht Untertan, bin Herr wie Gott! – – Wer will das glauben? – – Glaubst du's. So bin ich nicht der Erstgeborene mehr, kein erst erschaffener Geist, nein, ewiges Prinzip, das neben Gott besteht, wie Zeus und Pluto einst.

Wer's glauben will, der glaub' es. Ich aber will die Wahrheit nicht verhehlen.

Ich bin nicht Teil der Gottheit, bin ewig nicht, nahm Anfang wie die Schöpfung, bin Erster zwar, nichts weiter. Ich bin auch nicht das Böse, das Gott aus sich herausgeformt als Weib.

Die Gottheit braucht kein weibliches Prinzip, mit dem sie sich vermählt.

Sie ist in sich so fest geeint, wie harter Diamant, untrennbar in sich selbst, ein fest Gefüge des höchsten Seins, das sich nicht spalten kann.

So konnte Gott auch Keime in mich legen, drum kann ich wieder nah'n dem, den ich einst verkannt. – – Dies sei gesagt, bevor ich nun berichte, was weiterhin im weiten Raum geschah.

Ich führte eine Schar, für die ich König, die untertan mir auf mein Tun stets achten, der Vorbild ich und Weisheitsgeber war. Doch wie ich merkte, regten sich dort Triebe, die gegen mich sich richten konnten, weil ich wohl Herr der Leiber, doch nicht der Seelen, in denen die Gedanken die Freiheit eigenen Willens züchten.

Als ich's erkannte, wusste ich alsbald, dass meine Macht zu Ende gehen würde, wenn nicht der Zwang begrenzt das Tun der Söhne, die mir entsprossen. Und ich fand das Mittel für die Fesseln.

Gott schafft, indem er festet, was er denkt. In diesem liegt allein die Schöpfungskraft. Auch ich hab' diese Macht empfangen und hauchte meinen Bildern Leben ein. So festete in mir sich jedes Bild, das ich mit Willenskraft umfing, und nahm gefangen, was außer mir im Weltenall entstand, getreu dem Spruch, der einstens mir geworden.

Ich habe meine Schöpfung eingepresst im Bande meines Willens, dass sie gehorchen musste wie der Sklav, der gegen seinen Herrn, der schweren Ketten wegen, die er trägt, nichts unternehmen kann.

Herr wollt' ich sein und bleiben, regieren meine Welt nach meinem Willen, kein and'rer sollte gelten. Das Glück, die Freudigkeit des Lebens sollt' jene Wege nehmen, die ich weise, nicht nach den Wünschen, die die Sklaven nähren.

Tut Gott dasselbe nicht?

Nein! Seine Weisheit erkennt allein das Ende aller Dinge, sieht, wie das Ziel sich auch erreichen lässt und diese letzte Weisheit fehlte mir.

Das Ziel ward so mein Ich, ganz ohne Liebesziel in göttlicher Bestimmung. – –

So wurde ich der Mächtigste im Reich der Geister, blieb König nur von eignen Gnaden, nicht durch des Herren Liebe und Gerechtigkeit. – Es seufzten die Geschöpfe, die unter meinem Zepter lebten, ihr eigener Wille ward geknechtet, nicht frei zur Gotterkenntnis.

Ich glaubte, recht zu tun, vermied es sorglich, mich mit dem Vater zu verbinden, und lehnte ab die erste leise Warnung, die mir ins Herz gegeben wurde.

Ich bin wie Gott!, so dachte ich in Hochmut, und ohne mich ist Gott ein schwaches Nichts.

Sagt nicht, dass solcher Irrtum schuldlos ist, ja, dass er sicherlich entstehen musste. Er musste nicht entstehen, weil ich den Zeuger nicht gesehen, er mir sich jemals zeigte und darum ich mich selbst als Urkraft fühlen konnte.

Als erster Geist stand ich im Licht der Wahrheit, konnt, wachsend in dem Licht, mich auch der Gottheit nah'n, die deutlich zu mir sprach. Doch konnte ich mich auch verschließen, weil Willensfreiheit, die ihr kennt, von

Anbeginn das Ziel des Höchsten ist. – Sehnte ich mich nach meiner Mutter, wollt' liebend ich den Vater kennen lernen, so brauchte ich nur jene Kraft erfassen, mich ihr hingeben, mit dem Zug der Liebe, die jedem kleinsten Menschenkind zu eigen, die zu mir sprach: „Du bist mein Sohn, bin Vater dir und Mutter!"

Tat ich's, so war ich halb geborgen. Ich tat es nicht; wollt sein wie Gott und ward dadurch zur Schlange, die da zischte: Esst vom Baume der Erkenntnis, erfasst den Unterschied von – gut und böse – dann werdet ihr auch sein wie Gott!

Das Gute kennen, doch es nicht erwählen, die eignen Wege gehen im Irrlichtschein verlogener Vortrefflichkeit, die Eigensinn und Hoffart lüstern zeigen, – das ist die Sünde wider Gott, das ist der Pfad, der ins Verderben führt.

Und diesen Pfad ging ich! – Ich hoffte, dass ich die Gottheit selbst gefangen nehmen, sie festen könnte mit der Kraft des Willens, die ja mein ganzes Sein erfüllte, dass ich nicht nur ein Teil der Gotteskraft, nein, ganz sie in mein Sein einsaugen und sie dann untertan mir machen könne, wie ich die Schar mir untertan gemacht, die von mir ausgeboren durch meines mächt'gen Wortes Ruf.

So ganz verblendet, ging ich tiefem Sturz ich unaufhaltsam zu, – musst' die Geduld des Höchsten unterliegen und mir entzogen werden, was mir einstens ward.

4. Luzifers Fall

Im weiten Weltenall allein zu herrschen, war mein Traum, nicht glaubte ich, dass außer mir ein zweiter Mächtiger noch sei. Doch ward ich's inne.

Mit Stolz umkreiste ich die Welten alle, mein Werk, das ich erschaffen und hohe Freude lohte auf im Herzen. „Wer kann mir widerstehen, wer kann der Fülle meiner Kraft entfliehen? Herr bin ich, Herrscher werd ich bleiben, die Ewigkeit selbst ist mir untertan und keiner ist, der mir je gleichet." So prahlte ich in Hochmut, voll Überhebung und voll Übermut.

Da flammte aus des Raumes weiter Ferne ein jäher Blitz auf und umzuckte mich. Im grellen Schein schwirrt's auf mich zu, – – und vor mir stand ein

Geist, den ich nicht kannte.

„Wer bist du, wer hat dich geboren?" So fragte ich erstaunt und starrt ihn an.

„Die Gottheit schuf mich, wie sie dich erschaffen. Ich ward gesandt, dich ernst zu warnen. Du schreitest auf dem Wege des Verderbens, willst sein wie Gott und bist nur sein Geschöpf. – Des Vaters Langmut ließ geschehen, dass du die Grenze deines Übermuts, die Tür des Kerkers hast erreicht, der dich gefangen nimmt, kehrst du nicht um. Du kennst das Ziel der Schöpfung! Die Geister sollen frei sein, nicht geknechtet, wie du es willst. Drum löse alle Bande deines Willens, vereinige dich wiederum mit Gott, bleib, was du bisher warst, sein Sohn, der gern, gehorsam des Vaters Willen stets erfüllt, weil dessen Weisheit alles liebvoll leitet. – Kehr um! Werd Widersacher nicht! Hör' auf mein Wort!"

„Du wagst es, mir zu drohen? Ich fessle dich mit meiner Willensmacht wie jene, denen ich gebiete. Sei wer du willst, ich bin der Erste, ich herrsche hier allein, du hast zu weichen meiner Macht. Werde mein Sklav!"

Ich **rief** es laut und alle Kräfte raffend schleudre mein Willensnetz, das stets noch jedes Wesen eingefangen, wenn es mir etwas zu entschlüpfen dachte, ich wuchtvoll diesem Boten zu.

Gewaltig, riesig reckte jetzt mein Feind sich auf. Ein Licht strahlt von ihm aus, das schreckensvoll sich tief ins Herz mir bohrte. Machtlos sank meine Kraft von seinem Panzer ab, der ihn als Sendling Gottes schützte.

„Gott ist die Liebe, beuge dich vor ihm", so rief der Gottgesandte, „sei mein Bruder! Ich führe dich vor seinen Thron, er nimmt die Binde ab, die deinen Blick verdunkelt und dich in Finsternis geführt. Ein Wort genügt!"

Ach hätte ich dies eine Wort gesprochen, die Bitte um Vergebung. Wie hätte alles anders sich gestaltet, als es jetzt ist.

Ich sprach es nicht – – und meine Welt versank, – zertrümmerte!

*

Kein Mensch kann fassen, was damals geschehen. Der freie Geist nur wird und kann es schauen. Drum schweige ich. Lasst euch genügen an dem, was euch gesagt. – –

Ein Chaos ward, aus dem der Schöpfer bald eine neue Welt entstehen ließ, die fest gehärtet nun den Raum durchfliegt. Sie dient dazu, die Geister zu befreien aus dem Gefängnis, in das mein Wille sie einst eingeschlossen. – Wer es begreifen kann, wird es verstehen, doch anderen wird märchenhaft erscheinen, unfassbar oder auch zum Lachen, was vor Äonen dennoch ist geschehn, dem Menschverstande vielfach unerfassbar.

Was wurde nun mit mir?
Mein Reich in neuer Form bestand! Selbst Gott der Herr konnt' es nicht brechen, wollt' er nicht ungetreu sich selber sein. Was seiner Hand entsprießt, kann nicht vernichtet werden. Der Ewige schafft auch nur ew'ge Werke, wohl wandelbar in sich, doch nicht vernichtbar, so wenig wie des Ewigen Wort. –
Ich war und blieb!
War mir auch jede Macht genommen, die über jene Leiber herrscht, die sich im wunderbaren Aufbau auf's neue bildeten nach Gottes Plan, bis sich im Menschen eine Form erzeugte, die noch zur Stunde jede Welt belebt, der Kern der Form blieb dennoch unter meinem Einfluss.
Der Kern entsprang aus meinem Sein und formte sich durch meine Willenskraft zum Wesen, das mir gleich. In diesem Kern, den ihr die Seele nennt, sind alle Eigenheiten eingeschlossen, die mir entstammen, meinem Ich entsprechen. In einer Eichel ruht der spätre Baum. Wenn jeder Baum sich auch entwickelt, wie es der Boden, dem er just entwächst, gestattet, wie Luft und Licht den Wachsenden umgibt, sodass zwei Bäume nie sich gleichen können, so dankt der Eichbaum hoch, dem Samen nur, der Eigenart ihm gab, sein Leben und gibt dieselbe Art dann weiter. Ein Eichbaum kann nicht eine Buche werden. Zersplittre ihn in seine kleinsten Teile, setz sie zusammen wieder, – – und es bleibt die Eiche!
Nun solch ein Baum bin ich! – Was aus mir spross, muss meiner Eigenart allein entsprechen, muss in sich tragen alles, was mein Geist, mein Schaffen in sich trägt, denn mir des Erstgeborenen Stempel ist gezeichnet, was Mensch heißt, menschlich denkt und strebt!
Ich selbst blieb frei, aus ewigem Wort geboren. Doch meine Welt, zersprengt in ihre Teile, sollt wieder bilden sich als Ganzes, sollte den Weg zu Gott, den ich verrammelt, finden, damit sie nicht in mir den Höchsten sah.
Auch blieb es mir nicht fremd, dass Gott der Herr, sich seinen Wesen sichtbar zeigen wollte, dass eine Form er sich erwählen müsse, die gleich den Menschen sich als Mensch gestalte.
Nun, dieses Wollen schien mir sehr ersprießlich in seinem Keime zu ersticken dadurch, dass ich die Menschheit mit gewann.
Was nützt ein Gott, an den der Mensch nicht glaubt. Komm ich zuvor dem Höchsten, geb' einem Glauben den Weg, der mir gefällt, so mag er dann versuchen, dem Menschen sich zu offenbaren.
In freier Wahl soll sich der Mensch entschließen, wohlan, so soll er die

Gefolgschaft weigern dem, der mich stürzte!
So dachte ich und sann, wie mir die Menschheit dienstbar würde.

5. Luzifers Plan

Wenn Gott dem Menschen Freiheit gab, so gab er ihm den höchsten Schatz des Seins. Gott ist in sich der Inbegriff der Freiheit, die von der höchsten Weisheit wohl geleitet, sich nicht im Abgrund eines Wahns verliert.
Gott kann die Freiheit seines eigenen Ichs, das in sich selbst unwandelbar, auch nicht missbrauchen, kann nicht ein Ziel, das seine Freiheit schuf, ins Gegenteil verkehren, er kann nur, muss es jederzeit verfolgen, kennt alle Wege, wenn er sie auch ändert, die das verfolgte Ziel stets näher bringt.
Ganz anders ist es bei den Wesen, die er entstehen ließ und denen das Geschenk der Freiheit wurde.
Sie sollten Selbstbestimmung üben; sie sollten lernen, wahre Freiheit sich erringen, die frei von Wahn und Täuschung den Siegespreis des Gotteskindes bringt.
Hier gab sich mir ein Weg, die Herrschaft zu behaupten, die mir die Hand genommen, die einstens mich erschuf und ringen wollte ich um diese Krone.
Noch standen mir zur Seite manche Diener, die nicht zersprengt als Herren mich erkannten und glaubten, dass nur ein tieferes Wissen mich gehemmt und die mich liebten, weil ihre Kraft sie besser als vordem entfalten konnten. Sie glaubten, ihre Freiheit sei mein Wille, sie wussten nicht, dass Zwang sie ihnen gab. Sie folgten mir. – Dämone nennt ihr sie und sind doch nur die Irrgeführten.
Ich sah, wie sich der Mensch entwickelte. Wie er im Urzustande erst, dann weiterschritt und wie aus der Materie, die ich gesammelt und gefestet, sein Leib gebildet ward und seine Seelenkräfte. – Auf diese richtete ich nun den Willen.
Fang ich die Seele ein, kann ich sie trennen von jenem seinen Faden, der mit Gott verbindet und immer stärker werdend, sie umspinnt, sobald der Mensch sein wahres Sein erkennt, so musste sie mir dienen, hingeben sich dem Traum, der Wahngebilde schafft, der Täuschung dann für Wahrheit

hält.

Der Mensch will glauben. Sichtbar zeigt sich ihm. Dass fremden Kräften er ist untertan, denn Herr, das merkt der Dümmste, ist er niemals im Reiche der Natur. – Nach diesem Ursprung fremder Kräfte sucht er, frei wählen kann er, was er glauben will, sei es auch ganz verwirrt und töricht. – Mach glaubhaft nur, was Menschen glauben sollen, und Herrscher wirst du sein in ihrem Kreis.

Wer hütet nun den Glauben, gibt Kunde von der Gottheit, deren Walten, sorgt, dass sie sich dem Frommen offenbare und kündigt ihren Willen an? Es ist die Priesterschaft in allen Landen. Gewinne sie, so herrschest du im Volk. Seht, das erkannt' ich bald und wusst' gefügig mir jene Kräfte in den Dienst zu zwingen, die sich der Gottheit nahe dünkt.

Ich flüsterte den Toren Märchen zu, ließ heil'ge Bücher voller Wust verfassen, die die Geburt, das Wirken und das Sterben der Götter schildert und ward selbst ihr Gott!

Aus Zeus, Osiris, Jupiter und Marbuk hab' von Ägypten, Babyloniens Strand ich Götterlehren weitverbreitet, den Glauben an den wahrhaft Einen in allen Ländern untergraben und ward als höchste Gottheit hochgeehrt.

Die Götterlehre, ist sie auch verwirrend, durchfeucht von vielen lüsternen Geschichten, die nachzuahmen Frömmigkeit bedingt, bedurfte aber auch der Weisheit. Drum ließ ich leuchten meine Klugheit, gab Wissen wie es mir behagte, jenen, die meinem Dienst sich fügten, meiner Hand.

Orakelsprüche, seichte Lehren von Ursprung dieser Welt, von Zauberkünsten, wie sich der Zukunft Mantel lüftet, sobald der Mensch dem falschen Gott sich widmet, das lehrte ich und die getreuen, die, mir als Nebengöttern eng verbündet, der Menschheit Schicksal leiteten mit mir, wussten die Schlauheit ihrer Herrschaft auszuüben. Sie folgten mir mit Willigkeit getreu!

So habe ich's erreicht, – ward Heidengottheit! – baute mein Reich mit Eifer und konnt' spotten dem Gott des Lichtes und der Wahrheit.

Satan ward ich, der Fürst der Finsternis, in die ich alle Seelen tauchte.

6. Das Reich der Finsternis

War ich ein Fürst, besaß ich auch ein Reich, in dem ich herrschte, wie der Fürst der Erde von seiner Hauptstadt aus sein Reich regieret.
Die Torheit hat zur Hölle umgestaltet, zum Orte der Verdammnis und des Feuers, zur Leibesqual und Folterung der Seelen, was zwar als Reich bestand, in dem ich herrschte, doch das in sich nicht diesem Sinn entspricht. Ich will erklären, wie es darum steht, doch sei zuerst der Erdenzweck genannt.
Die Erde hat im Weltenall Bedeutung, zwar nicht als Stern, der als Trabant der Sonne mit ihr als Körper das Weltenall durchstreift, die Hauptbedeutung ist ihr geistiger Wert.
Denkt euch des Chemikers Retorte, vermittelst der er Reines schafft aus Schmutz. Im Kolben wird der Stoff gekocht, der trübe aufsteigt, wirbelt, dampft, sich löst, um dann im andern Teil des Geräts sich wieder zu verdichten, klar gereinigt. Stoff wird dadurch zum Elixier des Lebens, von allen Schlacken frei, heilsam und rein. – So soll im Weltall auch aus der Retorte, die mit dem Liebefeuer Gottes wird geheizt, sich bilden in dem andern Teil, dem Sammler ein neu Gebild aus der Materie Schlamm, ein reinliches Produkt, das durch den Chemiker im großen Weltenall sich zeugt nach weisheitsvollem Plan.
Dort, wo die Enge des Retortenhalses sich einfügt in den Sammler, ist das Tor, durch dessen engen Raum die Dünste einziehen zur Reinheit ihres Geisterseins, – wenn nicht ein Hindernis sie zwingt, nach anderer Richtung abzugleiten.
Seht dieses enge kleine Tor, dort kreist die Erde, das Hindernis bin ich! – –
Seit Erderschaffung hielt ich stets die Wache vor jenem Tor und zeigte auf ein kleines Loch am Halse der Retorte, das mühsam ausgebohrt, anscheinend in die Freiheit führt und doch nur in mein Reich der Finsternis. Stets habe ich die Seelen abgefangen, sie in mein Reich geführt, das mächtig wuchs, gedieh und seine Grenzen immer mehr erweiterte. Leer blieb der Sammler Gottes, doch vollgefüllt der meine, fest angesogen an der offnen Stelle.
Was Menschen glücklich macht, hab' ich gegeben. Sie hatten Macht wie Reichtum, und nicht verschloss ich ihrer Lüsternheit nach frevelndem Genuss die Tore. Das alles hätten sie verachten müssen, sollt sich das Tor

zum Gottesreiche öffnen.

Ich konnt es nicht verhindern, dass wenige mir doch entgingen, den Weg nach meinem Reich vermieden und den zum Reiche Gottes suchten. Die wenigen – sie waren mir verhasst; zu töten ihren Leib und ihre Seelen ward mir Genuss.

Im fernen Osten, fern vom Getriebe jener Welt und Zeit, die ihr die alte nennet, lebte ein Mann, der lange nachgedacht, woher der Mensch und seine Seele, woher sie wohl gekommen und nach dem Tode geht. Die Götter Babylons genügten seinem Seelendurste nicht, er fühlte tief in seinem Herzen, dass andere Kräfte, anderes Wollen als Götterweisheit in dem All regiert. Und dieser Mann fand halb den Weg zu Gott, der ihm ihn ebnete und auserkor, der Menschheit jenen Weg zu zeigen, der zu ihm führt, doch abseits von den Göttern.

Voll Grimm stand ich an jenem Tor und suchte Abrams Sinne abzulenken. Vergebens! Er verachtete, was ich ihm bot, bewährte voll Gehorsam sich im Glauben und ward Stammvater eines Volkes, das auf dem ganzen Erdenrund das Einzigste in jener Zeit gewesen, dem sich des Einen Gottes Licht erschloss. Dass ich es hasste und verfolgte, verderben und vernichten wollte, dass es mit Ungemach, mit Leib und tiefer Schmach bedeckt, trotz allem nicht verdarb, das ist in jenem Buch zu lesen, das ihr die Bibel nennt.

Hat je ein Volk mit Zähigkeit und Eifer an sein Gesetz gehangen, hat es im Angesicht des Todes selbst nicht abgelassen von dem Glauben seiner Väter, so war es das der Juden. Nur ihm allein dankt auch die Christenheit den Glauben an den einen Gott. Mag auch Gelehrtenspruch und falscher Dünkel, der in den Altertümern gräbt und sich anmaßt, den Sinn und Glauben jener einst gewesenen Völker aus toten Steinen, Schriften zu erkennen, das Gegenteil als Wissenschaft behaupten. Es ist ein Irrtum sondersgleichen, der Gottes Führung nicht begreift, nicht End' und Ursach seines Schöpfungsplans.

Konnt ich auch nicht des Volkes Führung hemmen, das sich im Osten eingenistet und sich in Kanaan ein Reich erwarb, so ward es mir doch möglich, die Einzelglieder, Herrscher zu gewinnen. Ja, meinem Einfluss unterlag selbst Salomo. – Die Götter, die Jehova leugneten, sie drangen ein ins Volk, verdarben Seelen, Glauben, – – und Irrtum ruhte neben Gottesfurcht.

Mein Reich gewann, die Herrschaft Gottes schwand. Bald konnte mit Triumph ich mich als Sieger fühlen über Gott und wollte dann verschließen jenes Tor, das zu des Himmels Höhen führt.

Welch' Sieg war mir geworden! Die weite, damals nur bekannte Erde mit allen ihren Völkern diente mir. Das auserwählte Volk, das Jahve sich erwählt, es war im tiefsten Grunde seines Seins verdorben. Der Glaube, den die Väter fromm bewahrt, war abgestumpft, dem rost'gen Schwerte gleich, zum Streite wie zum Schutze unverwendbar. Im Formelkram erstickt, der Weltlust und der Sünde ein stets offenes Tor, und – zwar gewillt, den Rufer in der Wüste anzuhören, doch nicht zu folgen, so zeigte sich das Volk, dem Gott sich offenbarte, dem es in Blitz und Donner einst am Sinai sein ewiges Gesetz verkündet.
In diese Nacht der Finsternis des Geistes fiel nicht ein Schimmer jenes Gotteslichtes, ohn' das der Himmel sich verschließt, das jeder Menschenseel' den Weg zur Höhe weist, ihr zeigt, wie sie den Abgrund meidet, der gähnend sich am Wege öffnet, den Wanderer beim tiefen Fall zerschmetternd. Wie freute mich mein Sieg und schon war nahe meine Niederlage!

7. Jesus von Nazareth

In Bethlehem erschien ein Stern am Himmel, der strahlend alle anderen verdunkelte und die Geburt von einem Kind verkündete, das unscheinbar in einem Stall geboren.
Ich achtete es nicht, denn viele Kinder entspringen ihrer Mütter Schoß, teils wachsend, teils vergehend. Warum sollt grade dieses Kind bedeutsam sein, ein Menschenkind wie hunderttausend andere? Im Vollgefühl der Kraft, die ich errungen, verachtete ich jenes Kind. Auch glaubte ich ein Zufall spiele nur, als Weise aus dem Orient verrieten, dass dieses Kind ein König würde werden, denn wie Orakelsprüche sich gestalten, das wusste keiner besser als wie ich. – Ich lachte, als der Königsschurk Herodes, in Angst für seinen Thron, unschuldige Kinder morden ließ, um auch den Zukunftskönig hinzuschlachten, und freute mich, dass es ihm nicht gelang. Der neue König wird auch mir dann dienen, wenn eine Krone einst sein Haupt umgibt –, es lagen alle ja in meinem Bann.
Doch nichts geschah. Kein König ward der Jüngling, der still in Nazareth zum Manne reifte, des Vaters Handwerk lernte und versah. – Nein! Dieser

Mensch, auf dessen Seele noch nicht der allerkleinste Makel sichtbar, der war zum Herrscher nimmermehr geboren, drum ließ ich ihn gewähren, wie er wollte.

Die Jahre flogen und mein Reich erstarkte.

Als ich den Weltenraum durchstreifend zu meinen Füßen eure Erde sah, da trat der Geist mir wiederum entgegen, der einst mich warnte, mir zur Rückkehr riet. – Er rief: „Lass ab von deinem Treiben! Die Axt ist an den Baum gelegt, der deines Reiches Sinnbild. Noch einmal sendet mich der Herr, kehr reuvoll um, sonst sinkt in Trümmer zum zweiten Male deine Herrlichkeit. Der Mächtige ist Gott, der jetzt als Mensch auf dieser Erde wandelt, die du mit deines Geistes Hauch vergiftet. Noch ist es Zeit, hör' auf mein Wort!"

„Will jetzt der Unsichtbare sichtbar werden", rief ich voll Staunen. „Niemals glaub' ich das. Der Ewige in Menschenform gepresst, das ist ein Unding. Kann eine Nuss den ewigen Raum umschließen? – Kann Gott sich jemals also tief erniedrigen, die Form des Erdenmenschen anzunehmen? Undenkbar ist's und ganz unmöglich!"

„Bei Gott ist nichts unmöglich! Was du leugnest, ward längst Ereignis! Blick auf die Erde hin. Dort wandelt jener, der äußerlich ein Mensch, in seinem Inneren mehr!"

Ich sah hinab und bald erkannte ich, dass jenes Kind, um dessen Willen so viele andere hingemordet worden, das still in Nazareth zum Mann gereift, als Hülle Gottes auserkoren sei, damit die Gottheit neu sich offenbare. – – Unfasslich war's, ein Widersinn für Gottes Wesenheit. – Ein Mensch als Hülle der Unendlichkeit!? – – Glaub' dieses Wort, wer will, doch ich vermocht' es nicht. Und hätten tausend Engel es bezeugt: Die Gottheit selbst steigt als Prophet zur Erde! – ich hätte dieses Wort verlacht. Mein Reich war größer als das Gottesreich, so dachte ich, nie ward es meinem Auge sichtbar. Ich aber war der Herrscher aller Seelen, die nicht das Tor zum Gottesreiche fanden. Die Zahl war groß, wie klein war die der bisher mir Entschlüpften.

„Lass ab von mir," rief ich dem Warner zu. „Dein Wort ist Trug, und jener Mensch auf Erden, den du als Hülle Gottes preis'st, ist mir, wie alle anderen verfallen. Merk auf, wie er sich beugen wird vor mir, und meine Oberhoheit anerkennt, sobald ich ihm des Lebens Güter zeige. Sein Leib ist Staub, wie jedes Menschen Leib, und seine Seele giert nach gleichen Schätzen, die noch die Sinne jedes Mal betörten, galt es zu wählen zwischen Gott und mir."

„Du irrst, dein Sinn, der ist betört! Du ringst nach Macht, voll Herrschsucht ist dein Herz! Statt demutsvoll vor Gottes Macht sich beugen, hast du dein Ich auf einen Thron gestellt und glaubst, vor ihm wird jedes Wesen niedersinken, anbetungsvoll, ein Sklave deines Winks. – In Gott ist Freiheit, sie ward darum auch dir. Du wirst es büßen, wenn du sie missbrauchst. Die Zeit ist um, die dir als Frist gegeben. Freiwillig kehre um, eh' es zu spät."
Der Geist verschwand. Ich konnte ihm nicht folgen, und hätt' doch gern gewusst, wohin er ging.
Dass mir im weiten All, im fernsten Äther, stets grenzenlos der Raum mir zugänglich sei, vermeinte ich, und dass dort keine andre Schöpfung ist als die, die Menschen zeugt in ihrer letzten Sprosse! Das wusst' ich auch. Wohin entschwand der Geist? – – So gab es doch im Raum Geheimnisse, in die ich bis zur Stunde nicht gedrungen? –
Zum ersten Male wurde mir bewusst, dass meine Kraft auch jetzt noch Grenzen fand und dass ich Sieger nur, wenn ich sie überwand.
Es regte sich der Wunsch, es möge Gott sich wahrlich eine Hülle bauen, die in dem Menschen Jesus sich entstaltet. Gewinn' ich diesen Jesus und hat sich Gott in seine Enge Hülle eingezwängt, so fang' ich beide gleich mit einem Schlage und herrsche unbeschränkt im weiten Raume. So dachte ich und schritt sofort ans Werk.
Ich trat heran an Jesus, bot ihm alles, was meine Macht zu geben bereit, doch er – – er wies mich ab! – Gar schnell ward mir bewusst, dass Gottes Kraft in diesem Körper wohnte, dass ihm zu widerstehen kein Leichtes sei. Gelang es nicht, den Meister zu besiegen, der doch nur Mensch, – so musste ich in Kürze unterliegen.
„Zerstöre diesen Leib, er wird vergehen, modern zu Staub, dann keine Hülle mehr dem Ewigen geben", so dachte ich und fachte Hass, Verleumdung und Vernichtungswut in seinen Feinden an, ihn zu verderben. Das Judenvolk hat manchen Mann gesteinigt, der sich gefiel, ihm Sünden vorzuhalten, nun sollte dieses Los auch Jesus treffen, zermalmend auf sein Haupt Vernichtung fallen, das sich vermaß, dem Erstgeborenen die Kron' zu nehmen, die ihm gebührte, nicht dem Menschensohn!
Wenn ich jetzt überdenke, welch grauenvoller Irrtum mich bestrickte, so fass' ich's selber nicht, wie er nur möglich, dass solche Blindheit mir den Sinn getrübt. Die Menschheit mag erkennen, dass es kein Wesen gibt im Himmel und auf Erden, das nicht in krassen Wahn sich stürzen kann und dann die Folgen tragen muss, die selbstgeschaffener Fluch dem Schuldigen

auferlegt.

Was ich erstrebte, war gelungen. Am Kreuze hing der Herr der Welt!

„Sein Leib wird der Verwesung anheimfallen, wie andrer Menschen Leib, und seine Seele geht dorthin, wo andre hausen, die auch gleich ihm den Tod geschmeckt", so dachte ich. – – Doch welch ein Schauspiel war's. Als seine Seele, vom toten Körper abgelöst, nun sich gestaltete als Gottes Hülle durch die der Ewige sich sichtbar macht den Geistern, die seine Kraft dereinst ins Dasein rief.
Das große Wort. Es ist vollbracht, ertönte. Es starb der Menschensohn, um Gottessohn zu werden und ausgerüstet mit der höchsten Kraft fuhr er zur Hölle, die mein Reich umfasste.
Die Seelen aller jener Abgeschiedenen, die nicht das Tor zum Gottesreiche fanden, weil ich als Wächter vor dem Eingang stand, sie waren alle meine Untertanen, denn meines Reiches Grenzen umfasste sie mit eiserner Gewalt. Da gab es kein Entrinnen, – Aug' um Auge, Zahn um Zahn hieß das Gesetz, das ich zu meinem machte und auch mit starker Hand stets aufrecht hielt.
Als einst die Mauern Jerichos, erschüttert vom Posaunenschlag, zu Staub zerfielen, erkannten seine Bürger bis in das tiefste Herz erschrocken, dass es vergeblich sei, wider den Herrn zu streiten. Das Gleiche fühlte ich, wie auch die Mauern fielen, die um mein Reich gespannt, als Jesus Christus nahte und sie sprengte.
Mit ihm zog Michael, der mich oft warnte und all die Engelscharen, die ihm in Liebe dienten. Welch ungeheure Menge heller Lichtgestalten zog siegend in mein Reich, den Seelen allen froh verkündend, dass frei der Weg zum wahren Herrn des Alls, der, Fleisch geworden, nun den Tod besiegte und einziehen will in seine heil'ge Stadt.
Ja, war ich denn mit Blindheit stets geschlagen, dass ich nicht sah, welch unbegreiflich Wunder, welch herrliches Gebild im weiten Raum entstand? – Ich sah, dass Gottes Diener eine Stadt erbaut als Sammlungsort der ihm Getreuen, ein Neu-Jerusalem nun strahlend lichter Schöne, von dem das irdische nur schwacher Schatten war, und sah einziehen dort den Menschen-Gottessohn.
So war doch wahr, was Michael verkündet. Der Ewige nahm Menschenhülle an, legte sein Ich in eines Menschen Herz, nahm dessen Seele ganz zu eigen und ward so sichtbar jeder Kreatur! – –

Mit finsterm Grimm sah ich mein Reich zertrümmert, erkannt und mit Groll die Ohnmacht meines Willens und stand erstarrt im tiefsten Seelenschmerz.
Der Schöpfer schuf sein neues Reich erst aus dem meinen und ohne mich, der Mittel war zum Zweck, wär diese Schöpfung nimmermehr entstanden. Ich bin es erst, durch den sich Gott entfaltet als Herrscher in dem All. Was wäre ohne mich denn Gott? – Kann eine Kraft, die Widerstand nicht findet, jemals nur etwas Brauchbares erschaffen?
– Nein, nimmermehr, sie bleibt untätig, schlaff! –
– Der Widerstand erst macht sie schaffend, reizt sie zur höchsten Tätigkeit, und dass ich widerstehen, dem Herrscher mich nicht unterwerfen würde, das wusste Gott, der mich ins Dasein rief.
Du willst die Liebe sein, warum, o Herrscher, gabst du mir nicht die Liebe in mein Herz, die du so reichlich jenen Wesen gabst, die Neu-Jerusalem nunmehr bevölkern? – Sie singen Jubellieder, sind überschwenglich voller Liebe, wie sie sagen, und fanden doch nicht jenes kleine Tor, das einführt in dein Reich, bis du es zeigtest. Der breitere Weg zu mir war bald gefunden und Liebe hatten sie auch stets zu mir, weil sie erhielten, was ich selbst besaß. Glaub' nur, Zertrümmerer meines Reichs, dass ich, wenn nicht zu dir, doch Liebe zu den Meinen fühle.
Entreißt der Mensch dem Löwen seine Jungen, so zittert er vor dessen Kraft, mit der er rächen kann den frechen Raub. – Du bist der Stärkere, ich weiß, muss darum mich ergeben, denn zweimal hast du mich besiegt und nicht gelüstet's mich zum dritten Mal, als Löwe dir zu unterliegen.
Erbaue dir ein neues Reich, zieh zu dir meine Seelen, ich will sie dir nicht länger streitig machen. Noch sind Billionen in der Zukunft Schoß, die ausgeboren werden müssen, bis meiner Schöpfung Quell versiegt.
Ich sehe zu, abwartend, ob die Seelen, die mir und meinen Dienern sich ergaben, die meinen Weisheitslehren folgten, sich dir ergeben oder mir! Ist letzteres der Fall, so fordre ich mein Reich zurück. Zerstör dann du dein neues Liebesreich!
Bis dahin will ich auf der Grenze weilen von Gut und Böse und als ein Hüter dieser Schwelle gelten! Gleichgültigkeit heiße die Fahne, die ich entrolle und dem Panier der Liebe dir entgegenstelle!
Ich rief es laut, und eine Donnerstimme klingt in mein Ohr: „Es sei!"
Frei gab ich jetzt die mir bisher Getreuen und sprach zu ihnen voller Grimm im Herzen:
„Geht hin in alle Welt gleich den Aposteln, die sich der Nazarener jetzt

erkor und lehrt den Völkern eure Weisheit. Lehrt sie, dem eignen Willen nur gehorchen, das Schicksal selbst sich zu bereiten. Ein jeder sei sein eigner Gott. Lieb deinen Nächsten, wie er dich. Vergelte ihm mit gleichem Maß, das er dir zugeteilt. Sei Herr, willst du nicht Sklave sein und nimm des Lebens kurzen Erdenlauf als jene Spanne an, die nur allein dir Glück und Macht verleiht, dem dann das Nichts dir nach dem Tode folgt.
Geht hin, Dämone, lehret diesen Glauben! Ich harre aus auf meinem Posten, zu sehen, wessen Lehre siegen wird!"

8. Luzifers Saat

Die Saat, die ich gesät, ging auf, trug Früchte, die ich nimmermehr geahnt. Die schwachen Wurzeln eines Weisheitsbaumes, der auf dem Grund der Eigenliebe wuchs, durch dessen Schatten nicht die Liebessonne dringt, sie wurden wohl gedünkt vom Wasser der Unduldsamkeit, das reichlich noch dem Herzenquell entströmt, den sich die Menschheit selbst erschloss.
Gewiss, in mir war Trotz, doch lediglich das Böse, das hab ich nicht gewollt. Die Menschen heute haben übertroffen in Niedertracht und geiler Sinneslust, in Bosheit, Rachsucht, Hass, was kein Dämon sich je hätt' träumen lassen. Sie haben meine Lehre wohl befolgt und haben sie zu einer Höh' gebracht, zu der ich schaudernd jetzt emporgesehn. Ich hab' es nicht gewollt, dass die Geschöpfe, die doch mit meinem Willen erst das Licht des Lebens sahen, so tief in eigne Finsternis je fallen, die mir und auch den meinen einflößt ein schreckenvolles Grauen.
Freiwillig hat die Menschheit angenommen, was nicht gelehrt zum Untergang der Seelen, wohl aber zur Erhaltung einer Macht, die fromme Seelen jetzt satanisch nennen und doch nur ihrem eigenen Sinn entspringt.
Der Forderung Jesu: Liebe deine Feinde! Lieb über alles Gott und deinen Nächsten wie dich selbst, ein Höchstgesetz, das bis zum Tod erfüllt von ihm, stand meiner Weisheit strikter Gegensatz entgegen, noch heut' von manchem Rednerstuhl verkündet und gierig aufgefasst von vielen Menschen.
Seht an das römische Gesetz des Rechts! Für viele Länder hat es heute Geltung. Wem unterliegt es denn? Gott oder mir? Entstand es nicht aus

meinen Lehren?
Wenn es mein Streben war, die Menschheit abzuziehen von der Verehrung Gottes und sie der meinen zuzuwenden, so glaubt drum nicht, ich sei von Grund aus schlecht. Nicht schlechter bin ich als die Kronenträger, die hundertfach Gesetze ausgeklügelt, durch die sie ihre Macht befestigt und ihre Majestät als heilig aufgestellt. Wer Macht hat, will regieren, deshalb verachtet er noch nicht die er regiert, ja, kann sie lieben und wünscht sie glücklich und zufrieden, damit die ihm gewordene Macht nicht abstürzt, ihm aus der Hand entschwindet. Sind eure Volkeshäupter schlecht im tiefstem Herzen, nur darum schlecht, weil unbedingt Gehorsam sie verlangen für das, was als Gesetz sie aufgestellt – – so bin ich's auch. Das wollte ich erproben! – Groß stellte ich mich auf die Schwelle gleichgültigen Sinns, um abzuwarten, was sich die kluge Menschheit auserwählt, der Freiheit ihres Willens ward gegeben.
Der Teufel bin ich nicht! – Der Teufel sind die Seelen, die gänzlich abgekehrt vom schwächsten Puls der Liebe, imstande sind, den Menschen zu zerfleischen. Ein Teufel-Oberster kann nie der Erstgeborne werden!
Ich lehn es ab, ein Höllenfürst zu sein, wie ihn die Alten sich als Pluto dachten. Noch weniger bin ich gewillt, dem Kirchenwahnsinn als Modell zu dienen, der mich mit Hörnern, Klauen ausgestaltet, zum Scheusal frommen Wahnes macht. Sucht rings im Weltall, nirgends ist zu finden ein Wesen, das dem Bilde gleicht, das öder Pfaffengeist sich ausgeklügelt zum Zweck der Herrschaft über blöde Menschen.
Zum Teufel hat der Mensch sich selbst gemacht, mit Luft hat er sein Herz dazu gestaltet, hat seinen Sinn gebraucht, von Gott sich abzuwenden, den Geistesfunken, den der Herr ihm gab, im Schlamm der Erdenluft zu töten, zu höhnen den, der ihm das Leben gab, um dann voll Heuchelei mir zuzuschieben, was eigene Verruchtheit erst geboren.
Erstarrt bin ich von alle dem Entsetzen, womit der Mensch die blutgetränkte Erde in allen Ländern überdeckt, derselbe Mensch, den ich auf falschen Wegen zu Glück und Reichtum führen wollte.
Ich bin besiegt! – Hätt' ich's geahnt, dass meine Herrschsucht und mein Trotz je solche Früchte zeitgen würde, dass sich der Mensch so ganz verstricken wird in Lug und Trug, durch Ströme Bluts zu waten sich nicht scheut, ich hätte nie Kraft gebraucht, wie ich sie brauchte.
Gleichgültig wollt ich sein, ich konnt's nicht bleiben!
Der Menschheit Treiben wurde mir zuwider. Mich ekelt vor der Kreatur, die Gottes Ebenbild könnt sein und nur die Fratze zeigt. Auch meine Diener

scheuen sich vor solchem niedern Treiben.

Und Gott, der Herr, ließ es geschehen, vernichtete nicht diese Brut. Austobten sich im Wahnsinnskrieg die Völker und wollen sich auch weiterhin zerfleischen.

Da packte mich das Weh, das Schwert der Schuld fuhr tief mir in die Seele und todeswund schrie ich zum Herrn des Lichts:

„Ich hab gefehlt, o Herr, – ich hab gefrevelt und ich bin nicht wert, dein erstes Kind zu heißen. Du weißt, was jetzt geschieht, das hab' ich nicht gewollt, durch mich kam aller Hochmut in die Welt, nun lass durch mich ihn wiederum vernichten. Gib mir die Kraft zurück, die du mir nahmst, gebrauchen will ich sie nach deinem Willen, will sühnen, was ich einst verbrach!"

Gott ist die ew'ge Güte, die Liebe, die Barmherzigkeit, er hat mein Schrein gehört und mir verziehn. – Doch lösen muss ich jetzt die Bande, muss töten was sich ruchlos zeigt. Was in den Stunden fluchwürdigen Tuns zu eisenfestem Ton gebrannt. Es muss zermalmt, zerstäubt und ausgelöst in die Atome werden. Die Spreu ist von dem Weizen jetzt zu sondern.

Nicht soll der Mensch dem Satan mehr andichten, was er stets selbst verschuldet, nicht ihm aufladen voller Heuchelei, was in dem eignem Herzen gärt und ihn zu Taten zwingt, die Luzifer mit Abscheu von sich weist.

So hör' es Menschheit: Zittre vor den Folgen, die deinem eigenen Drachentum entspringen. Licht soll es werden in der Finsternis! Es naht der Träger ew'gen Lichts, das er verdunkelte im irren Trotz. Neu soll es strahlen über alle Menschen, die ihn als Boten Gottes anerkennen, der reuvoll in das Vaterhaus getreten und angenommen ist als einst verlorner Sohn.

Lacht nicht, als sei dies Märchenkunde,
Glaubt nicht, dass ich verkünde leeren Wahn!
Bald wird es heißen auf dem Erdenrunde:
Das Licht erstrahlt! – der Rächer zieht heran!

***

Die Lehre von den sublunarischen Dämonen

Einleitung

Dem hochberühmten Dr. Joachim Zasius, Doktor der heiligen Theologie, Probst zu Ölenberg, seinem gnädigen Herrn und Gönner, wünscht Georg Pictorius von Villingen alles Heil!
Sowohl die Humanität als auch die Großmut, welche der Vater Eurer Hochwürden, Ulrich Zasius, ein Mann von echtem Schrot und Korn und eine Zierde der Menschheit, während seines Lebens gegen mich an den Tag legte, veranlassten das lebhafteste Verlangen in mir, auf irgendeine wenn auch noch so unbedeutende Weise, da mir Größeres nicht vergönnt ist, mich dankbar zu zeigen. Indem ich nun lange darüber nachdachte, wie ich dies am besten tun könnte, fiel mir ein, es würde nicht unpassend sein, wenn ich den Söhnen des vortrefflichen, nun in Gott ruhenden Mannes, nämlich Euer Hochehrwürden und dem Herrn Dr. Johannes Ulrich, Kanzler und ersten Rat seiner kaiserlichen Majestät im Herzogtum Oberösterreich, irgendein literarisches Geschenk als Zeichen meiner Dankbarkeit darbrächte. Ich habe nun dem Herrn Kanzler durch eine medizinische Schrift, die er vor noch nicht ganz elf Monaten empfing, meine Hochachtung zu erzeigen gesucht; Euer Hochwürden aber widme ich gegenwärtige, besonders nach der Heiligen Schrift bearbeitete Abhandlung von den sublunarischen (=Erdgürtel) Dämonen, als eine, wie mir deucht, eines Theologen, der Tag und Nacht gegen die Feinde der Menschheit kämpft und predigt, nicht unwürdige Gabe. Nehmt sie günstig auf, und zieht mehr meine dankbare Gesinnung als den Wert der Gabe in Betracht. Da aber bekanntlich nichts vor dem Neide der Rabulisten sicher ist, wie Galen im zweiten Buch von der Krisis nach Plato versichert, so bitte ich auch, dass Ihr diese Schrift, wo es nötig ist, in Euren Schutz nehmen wollt. Lebt wohl, hochwürdiger Herr!

Gegeben zu Ensisheim im Ober-Elsaß, im Jahre des Heils 1562, am 6. Februar.

Kastor und Pollux – Ein Gespräch

Kastor: Die Griechen erzählen, dass Pollux und Klytämnestra aus einem Ei entsprossen seien; aber ich halte wegen der Verschiedenheit eurer Gemüter dies kaum für wahr, denn während du nach dem Himmel strebst, denkt jene an die Erde und auf Mord.
Pollux: Das soll vielleicht so viel heißen, als dass die Griechen von jeher die Freiheit zum Lügen gehabt haben.
Kastor: Allerdings.
Pollux: Ich möchte aber doch die Griechen nicht in allem für Lügner halten, denn sie sprechen öfters so gut als andere die Wahrheit, und auch der sulmonische Sänger sagt: Nicht alles erdichten die Griechen.
Kastor: In einem Sprichwort wenigstens haben sie, das gebe ich zu, ohne allen Zweifel vollkommen recht, nämlich in dem Ausspruch: Der Mensch ist der Dämon des Menschen.
Pollux: Warum sollen sie hierin so vollkommen recht haben, Kastor?
Kastor: Allerdings ist der Mensch ein Dämon gegen den Menschen und noch ein sehr räuberischer Wolf dazu, wie der tägliche Augenschein beweist; denn jeden Tag sieht man die Menschen einander Nachstellungen bereiten und Mord, Plünderung, Raub, Diebstahl, Betrug und Unzucht, überhaupt hunderterlei Laster verüben; der Vater ist treulos gegen den Sohn, der Freund gegen den Freund.
Pollux: Was du sagst, ist wahr, aber soviel ich höre, verstehst du das angeführte Sprichwort falsch; denn das Wort Dämon hat hier keinen schlimmen oder gehässigen Sinn, sondern bedeutet einen solchen, der einem anderen zu Hilfe kommt und den Plinius einen Gott nennt.
Kastor: Also behauptest du, Dämon bedeute in diesem Sprichwort etwas anderes als einen hinterlistigen, vielwissenden Verleumder?
Pollux: Du hast es getroffen; denn jeder, der die Schriften des erhabenen Plato nicht bloß oberflächlich gelesen hat, wird begreiflich finden, dass es mehr Gattungen Dämonen gibt als nur diese sublunarische, welche du meinst.
Kastor: Ich bitte dich, mir zu sagen, was Lato hierüber schreibt, damit ich eine klare Einsicht in die Sache gewinne.
Pollux: Ich werde deinen Wunsch erfüllen, denn es macht mir großes Vergnügen, mich über diesen Gegenstand mit dir zu unterhalten. Merke also auf. Plato teilt die Dämonen in drei Grade, die, wie sie an Würde

voneinander verschieden sind, so auch verschiedene Räumlichkeiten bewohnen. Dem ersten Grade gehören jene Dämonen an, deren Körper aus dem reinsten Äther gebildet sind, so dass sie, wie Chalcidius sagt, den Augen nicht sichtbar sein können; auch können sie, weil ihnen alles Irdische abgeht, weder einen Druck erleiden noch berührt werden. Sie bewohnen die himmlischen Räume, die dem großen und weisen Fürsten angehören, den keine menschliche Zunge auszusprechen vermag.

Dämonen zweiten Grades sind jene, welche Apulejus Vernunftwesen nennt, deren Gemüt von Leidenschaften nicht frei, deren Existenz aber unvergänglich ist und die den Raum vom Monde an bis zu uns unter ihrem Fürsten Beelzebub (=Baalzebuth) innehaben; es sind jene abtrünnigen Geister, die vor Lucifers Fall verklärte Körper hatten, nach ihrem Sturz aber mit einer Hülle von luftiger Beschaffenheit umgeben wurden.

Kastor: Ich glaube nicht, dass das griechische Sprichwort diese meint, denn sie schaden den Menschen und verleumden sie; aber fahre nur fort.

Pollux: Zum dritten Grade gehört das Ebenbild der Gottheit, nämlich der Mensch, der von Hermes ein göttliches Wunder genannt wird, wenn er von der ihm anerschaffenen hohen Würde nicht abweicht, und den die Griechen mit Plato deshalb einen Dämon, d. h. einen Gott nennen, weil der Mensch wie ein Gott dem Menschen beistehen und nützlich sein kann. So wurde Plato selbst, wie wir von Syrianus wissen, ein Dämon genannt, weil er zum allgemeinen Besten über die höchsten Dinge Aufschluss gegeben hat. Auch Aristoteles erhielt diesen Namen, weil er über die sublunarischen Dinge und über alles, was zur Bewegung und Empfindung beiträgt, so ausführliche Betrachtungen anstellte. Homer bezeichnet ohne Unterschied einen Gott und einen bösen Geist als Dämon.

Kastor: Du bist nun einmal im Zuge, Pollux, und es ist kein Grund vorhanden, warum du nicht weiter fortfahren solltest. Sage mir daher noch mehr über jene Dämonen, denen Plato den zweiten Grad angewiesen hat und die sublunarische heißen.

Pollux: Was soll ich sagen?

Kastor: Hauptsächlich warum du vorhin diese falschen Ankläger vielwissend genannt hast.

Pollux: Der heilige Augustinus kann diesen Knoten lösen, indem er sagt, ein Dämon heiße deshalb wissend oder vielwissend, weil er vermöge der Lebhaftigkeit seines ränkevollen Geistes und seiner Einsicht in die Entstehung und Verbindung der Dinge den Menschen unbekannte Kräfte kenne, so dass, was die Kunst nur nacheinander oder allmählich hervorbringe, er gleichsam sprungweise oder durch Beschleunigung des Wirkens der Natur und vermittelst seiner Kunst (Magie) mache, wie wir ein Beispiel an den Zauberern des Pharao haben, die Frösche und Schlangen, welche die Natur langsamer erzeugt hätte, auf Befehl des Königs sogleich hervorbrachten.

Kastor: Deine Antworten befriedigen mich, Pollux, sage mir aber auch etwas über den Ursprung dieser die Tugend hassenden Dämonen.

Pollux: Von ihrem Ursprung tun die kirchlichen Autoren überall Erwähnung, aber auf eine so unbestimmte Weise, dass viele und verschiedene Meinungen hierüber entstanden sind. Die allgemeinste jedoch ist die, welche Petrus Lombardus nach den Erörterungen des heiligen Augustinus über die Genesis anführt und wonach der Teufel vor seinem Fall ein Erzengel gewesen sein und einen aus der Reinheit des Äthers und dem feinsten Fluidum der Luft von Gott geschaffenen Körper gehabt haben soll, nach dem Fall aber, als er aus einem Erzengel ein Abtrünniger geworden, habe er einen leidensfähigen Körper aus einer finsteren und dichteren Luft erhalten. In diesem vom Stachel des Stolzes getroffenen Körper habe er auch sehr viele Engel mit sich in sein Verderben gerissen, so dass sie Dämonen wurden, die in dieser kummervollen Welt seine Diener sind und die Menschen zu allerlei Dingen antreiben, die Gott missfallen und wodurch sie Sklaven Beelzebubs werden.

Kastor: Wie? Kommt der Fall dieses Erzengels nirgends in der Heiligen Schrift, sondern nur bei Augustinus vor?

Pollux: Allerdings, und auch der Fall der anderen Engel.

Kastor: Wo denn?

Pollux: Bei Jesaias, den ich mehr für einen Evangelisten als einen Propheten halten möchte, weil er Christum und sein Reich so deutlich vorher verkündigt hat, geschieht des gefallenen Erzengels Erwähnung, ebenso im zweiten Briefe des Apostels Petrus, wo es (Kapitel 2, 4) heißt: Gott hat die Engel, die gesündigt haben, nicht verschont.

Kastor: Haben die Dämonen einen abgesonderten Ort von Gott als Wohnung erhalten?

Pollux: Auch darauf weist Petrus in der angeführten Stelle mit den Worten hin: Er hat sie mit Ketten der Finsternis zur Hölle verstoßen und übergeben, dass sie zum Gericht behalten werden. Diesen Ort der Finsternis verlassen sie (wie Cortesius sagt) nur, um den Menschen nachzustellen und sie zum Bösen anzureizen. Der heilige Augustinus, dieser gewaltige Streiter Christi, lehrt in seiner Schrift über den Kampf des Christen, dass die bösen Geister

die sublunarische Region bewohnen, und auch in seinem 49. Brief sagt er, die finstere Luft sei ihnen als Kerker angewiesen, so dass sie mehr in der Nähe ihre Netze gegen die Menschen auswerfen können.
Kastor: Origenes beschränkt die Qualen der Dämonen auf eine bestimmte Zeit; was erwiderst du hierauf?
Pollux: Nichts, als dass ich diese Meinung des großen Mannes verwerfe.
Kastor: Warum?
Pollux: Sie haben sich im Laster verhärtet und wollen nicht durch die Zeit geheilt werden, oder wenn sie auch wollten, so könnten sie es nicht, denn bei ihnen ist keine Rückkehr möglich.
Kastor: Du hast soeben gesagt, der abgefallene Erzengel habe viele Engel mit sich ins Verderben gerissen, so dass sie Dämonen wurden; konnte er nicht in seiner eigenen Bosheit auch ohne die mit ihm gefallenen Engel seine Pläne ausführen?
Pollux: Allerdings, aber von demselben Stolz verblendet, womit er die Majestät Gottes sich anzueignen trachtete, wollte er auch in seinem Falle noch Gott gleich sein und erwählte sich viele Diener, von denen nicht jeder einzelne alles zu vollbringen hat, sondern er überträgt jedem etwas anderes, wie z. B. nach den astronomischen Schriften der Hebräer die jovischen und vormittägigen Geister, die wir falsche oder Lügengötter nennen, weil sie für Götter gehalten und als solche verehrt werden wollen, dadurch ihrem Fürsten, dem Teufel, dienen, dass sie die Menschen zur Eigenliebe und Selbstsucht, welche nach Plato die Quelle aller Übel ist, anreizen und sie nach Würden und Ansehen, Kleiderpracht und irdischer Herrlichkeit begierig machen. Zu diesen Geistern soll auch jener gehört haben, der dem Erlöser alle Reiche der Welt zeigte und zu ihm sprach: Das alles will ich dir geben, so du niederfällst und mich anbetest.
Kastor: Solche Geister scheinen es auch gewesen zu sein, die den Libyer Psaphon und den Kaiser Diokletian so mit Stolz erfüllten, dass sie es als das höchste Glück betrachteten, für Götter gehalten zu werden.
Pollux: Allerdings, denn der erstere, seiner Menschennatur überdrüssig, ließ in eitlem Wahn gefangenen Vögeln, welche leicht sprechen lernten, die Worte beibringen: Ein großer Gott ist Psaphon. Sobald die Vögel diese Worte geläufig sprechen konnten, gab man ihnen die Freiheit, damit sie dieselben überall wiederholten und die Leute, welche von dem Betrug nichts wussten, auf den Glauben brächten, es sei dies eine göttliche Stimme und man müsse den Psaphon als Gott verehren. Der andere, nämlich der Kaiser Diocletianus, zwang seine Untertanen, auf die Knie niederzufallen

und mit aufgehobenen Händen ihn als einen Gott anzubeten.

Kastor: Aber welche Dämonen stacheln die Kriegsknechte auf, so dass sie in der Heiligen Schrift blutgierige Männer genannt werden?

Pollux: Die manischen oder nördlichen Dämonen, welche auch die Rächer oder Urheber der Verwüstungen und Stifter des Bösen heißen und die mit Asmodi für den König Abaddon oder Apollyon, welchen Johannes in seiner Offenbarung den Verderber nennt, Gericht halten. Ihnen ist Raub, Brand, Diebstahl, Zorn (der Zunder der Sünde), Krieg und Raserei übertragen; sie finden Genossen an manchen südlichen Dämonen und an Arioch, dem Dämon der Rache, welche die Brüder verunreinigen und die eheliche Liebe so zerstören, dass sie durch nichts wiederhergestellt werden kann. Von diesen Geistern spricht auch Jesus Sirach im 39. Kapitel und Jesaias, der überhimmlische Prophet, gedenkt eines anderen Dämon, den Gott den Ägyptern schickte, damit er sie auf Irrwege leite. Dieser Dämon des Schwindels oder der Lüge heißt Bolichim.

Kastor: Wenn aber die Menschen der Wollust und Völlerei sich ergeben, dürfen wir auch dies dämonischer Aufreizung zuschreiben?

Pollux: Allerdings, denn Jamblichus sagt, dass die westlichen Wassergeister hiezu verordnet seien, auch einige südliche, wie Nesrach und Kelen, welche unerlaubte Liebe erwecken, alle möglichen Unzüchigkeiten befördern, zu Schmausereien, Trunk und Tanz aufmuntern usw. Sie schweben an den Seen, Teichen und Flüssen herum und sind eine sehr schlimme, betrügerische Dämonengattung, die durch Alrinach, einen westlichen Geist, Stürme, Erdbeben, Hagel und Regengüsse erregt, Schiffe scheitern lässt und die, wenn sie sich sichtbar machen will, meistens in weiblicher Gestalt erscheint. Die Luftgeister, sagen die Astronomen, haben mit den Gewittern zu tun, sie erregen Donner und Blitz, vergiften die Luft und führen Seuchen und anderes Unglück herbei. Die Offenbarung Johannis erwähnt dieselben im 9. Kapitel. Ihr Vorsteher ist Mererim, ein im Mittag wütender Geist. Auch Paulus spricht von dem Fürsten, der in der Luft herrscht und der sein Werk hat in den Kindern des Unglaubens.

Kastor: Gibt es so viele Ungeheuer der Hölle, Pollux?

Pollux: Noch mehrere, denn die obgenannten Schriften der Hebräer sprechen auch von Feuergeistern, die mit dem Grimm des Panthers wüten und die unter den lunarischen Regionen sich aufhalten sollen, wo geneigtesten dazu, welche den Python, von dem Apollo seinen Beinamen der Pythische erhielt, zum Fürsten haben, dessen im Buche der Könige Erwähnung geschieht, wenn es heißt: Ich will ausgehen und will ein falscher Geist sein in aller seiner Propheten Munde. Von diesen sind die Geister der Bosheit, welche auch Gefäße des Zornes heißen, durchaus nicht verschieden. Sie dienen dem Belial, den Paulus den Abtrünnigen nennt, durch allerlei schlechte Erfindungen. Ein solcher soll nach Piatos Angabe Theut gewesen sein, weil er zuerst die Würfel und andere Spiele einführte. Ihm möchten wir auch den Mönch beigesellen, der das Schießpulver erfand. Das erste Buch Mosis erwähnt diese Geister im 49. Kapitel, wo Jakob zu Simeon und Levi sagt: Ihre Schwerter sind mörderische Waffen; meine Seele komme nicht in ihren Rat. Der Psalmist nennt diese Dämonen tödlich Geschoss, Jesaias Werkzeuge des Grimms, Jeremias Werkzeuge des Zorns und Ezechiel Mordwaffen. Die Nekromanten nennen den vorgedachten Belial den östlichen Chodar, der auch die Dämonen der Zauberer unter sich hat, welche Wunder nachahmen, um die falschen Magier zu verführen. Die Schlange, welche die Eva verführte, war ohne Zweifel ein solcher Geist, und ihr Fürst der Satan, von welchem die Offenbarung sagt, dass er die ganze Welt verführe. Auch jener, der zu Tübingen vor den Augen vieler Leute einen ganzen Wagen samt etlichen Pferden verschlang, hat wohl zu diesen Dämonen gehört.

Kastor: Wann hat es denn mit diesen Räubern und Mördern ein Ende? Es ist ja kaum ein Winkel in der ganzen Welt von ihnen frei.
Pollux: Allerdings.
Kastor: Deshalb könnte man die Welt mit Recht einen Augiasstall nennen.
Pollux: Wenn sie nicht durch das Schwert des göttlichen Wortes reingefegt würde, so würde es sehr schlimm stehen.
Kastor: Ganz gewiss.
Pollux: Obwohl ich schon viele Dämonen angeführt habe, so ist doch das Verzeichnis noch nicht vollständig.
Kastor: Welche fehlen noch?
Pollux: Die Ankläger und Spione, die dem Astaroth gehorchen, welchen die Griechen als den Teufel bezeichnen und der von Johannes ein Ankläger seiner Brüder genannt wird; ferner die Versucher oder Nachsteller, die um die einzelnen Menschen sind, die wir böse Genien nennen und die den Mammon zu ihrem König und die unersättliche Habsucht oder die rasende Begierde zu ihrer Königin haben; ferner die lichtscheuen Dämonen, die niemals bei Tag erscheinen, sondern nur an der Finsternis Gefallen finden und die die Menschen beunruhigen, ja sogar, wenn es Gott zulässt, entweder durch Berührung oder durch Anhauchen sie verletzen, übrigens vor der Stimme der Menschen fliehen. Wie Plinius Secundus schreibt,

befand sich ein solcher Geist zu Athen in einem großen Haus, das der Philosoph Athenodorus gemietet hatte. Ein anderer hielt sich nach der Angabe Suetons länger im lamianischen Garten auf.

Kastor: Sage mir doch, wenn es dich nicht verdrießt, was Plinius über den Dämon des Athenodorus schreibt.

Pollux: Die Geschichte ist etwas lang, aber ich werde durchaus keinen Anstand nehmen, dir dieselbe zu erzählen. Plinius schreibt im 7. Buch seiner Briefe, es sei zu Athen ein sehr geräumiges Haus gewesen, das wegen des nächtlichen Geisterspuks niemand habe bewohnen wollen. Alle, welche darin gewohnt hatten, dachten mit solchem Entsetzen daran, dass sie auch bei Tag von diesem Haus und seinem Geisterspuk träumten und dass ihnen die Erinnerung an die Gestalt, welche sie darin gesehen hatten, stets gegenwärtig war. Da mietete ein fremder Philosoph namens Athenodorus dieses Haus und ließ sich auch sogleich sein Bett darin zurecht machen, damit er nach beendetem Studium schlafengehen könnte. Als nun der Philosoph abends ins Haus trat und sich zum Studieren anschickte, hörte er bald darauf Eisen- und Kettengerassel. Er schlug jedoch die Augen nicht auf und legte den Griffel nicht weg, sondern hielt sich nur die Ohren zu, um sich durch den wütenden Lärm keine unnötige Angst einjagen zu lassen. Als das Gepolter näherkam, blickte er zurück; da winkte eine Gestalt mit dem Finger, was er aber nicht beachtete, bis es dreimal geschah und das Gepolter den Tisch fast erreicht hatte. Jetzt ergriff er das Licht und erblickte einen Dämon in Gestalt eines äußerst abgemagerten und schmutzigen Greises mit langem Bart, struppigem Haar und zusammengeketteten Füßen, der schwerfällig wie ein mit Fesseln und Ketten Beladener auf die Tür zuging und plötzlich verschwand.

Kastor: Das ist eine schauerliche Geschichte, Pollux! Was für einen Ausgang hat sie genommen?

Pollux: Am folgenden Tag erzählte der Philosoph der obrigkeitlichen Behörde alles, wie es sich zugetragen, und fügte die Bitte hinzu, dass man an der Hausschwelle sorgfältig nachgraben lassen möchte, denn dort werde man finden, was das Haus wieder ruhig und bewohnbar machen könne.

Kastor: Was wurde gefunden?

Pollux: Nachdem die Erde aufgegraben war, fand sich, wie Plinius berichtet, ein mit Ketten und Fesseln beladener Leichnam, dessen Fleisch aber vom Alter verzehrt war und den man nun öffentlich begrub.

Kastor: Wurde aber dadurch jenes Haus wieder bewohnbar?

Pollux: Allerdings.

Kastor: Daraus kann man abnehmen, von welchem Wahnsinn diejenigen sich leiten lassen, welche die geweihten Örter, wo die Organe des heiligen Geistes ruhen, entheiligen und die Gebeine der Begrabenen zu einer Speise für den Dämon Zazel bereiten, dessen im 3. Buche der Könige Erwähnung geschieht und der bei Pausanias Eurynomus heißt.

Pollux: Es gibt Gemeindevorsteher, welche es für christlicher halten, wenn sie solche heilige Stätten dadurch entweihen, dass die Jugend bei Paukenschall leichtsinnige Tänze darauf halten oder hässliche alte Vetteln einen Trödelmarkt daraus machen dürfen, während doch der Ort für das Heil der Seelen durch heilige Gebete Gott geweiht wurde.

Kastor: Das ist nicht christlich, sondern heidnisch.

Pollux: Mehr als heidnisch, denn wie viel den Heiden daran gelegen war, ihre Verstorbenen in gehöriger Form zu begraben, wissen wir aus Homer, wo Elpenor zu Ulysses sagt: Ich bitte dich, Ulysses, sei meiner eingedenk und gehe nicht von hier weg, ohne mich zu begraben, damit ich nicht etwa, des üblichen Begräbnisses entbehrend, ein Gegenstand des Zorns der Götter werde. Der Philosoph Architas sagt bei Flaccus zu dem Schiffer:

> Mich auch riss des gesunk´nen Orion rascher Begleiter
> Notus hinab in Illyriens Wogen.
> Aber erbarme dich meiner: dem unverhüllten Schädel
> Gönn, o du Schiffer! und toten Gebeinen
> Etwas flüchtigen Sand! Dann soll die Rache, mit welcher
> Eurus hesperische Fluten bedrohet,
> Sie soll dir unbeschadet, Venusias Haine durchschalten!
> Auf dich ströme der Segnungen Fülle
> Jupiter und Neptun, Tarentums ewiger Schutzgott.
> Oder bedünket dich klein, dass den Frevel,
> An mir selber verübt, unschuldig noch büße der Enkel?
> Dein auch harret vielleicht der Vergeltung
> Wohlverdienetes Recht: ungeahndet erheb´ ich mein Flehn nicht;
> Dich dann löset kein sühnendes Opfer.
> Hab´ auch Eile, der Zeit gar wenig bedarf es; nur dreimal
> Wirf Staub, Schiffer! dann segele weiter!

Und Palinurus fleht im 6. Buche der Aeneis Aeneas an:

> Jetzt umgibt mich die Flut, mich wälzen am Ufer die Winde.

Drum fleh´ ich beim freundlichen Licht und den Lüften des Himmels,
Und bei dem Vater dich an, und der Hoffnung des blühenden Julus,
Reiß mich, du Unbesiegter, aus dieser Betrübnis, und häufe
Staub auf mich, du vermagst es.

Kastor: Für so wichtig hielten also die Heiden ein ordentliches Begräbnis?
Pollux: Allerdings, denn ihre Religion lehrte, die Seele eines Unbeerdigten sei, nachdem der Geist entflohen, der Herrschaft der wütenden Phantasie überlassen und der Qual der körperlichen Eigenschaften preisgegeben, so dass sie, mit einem Schattenkörper bekleidet, bisweilen die noch im Leben befindlichen Freunde anflehe, auch wohl ihre ehemaligen Feinde verfolge, um sich an ihnen zu rächen, wie Dido bei dem Dichter dem Aeneas droht:

Überall folgt mein Schatten dir nach, du büßest, Verräter!

Etwas Ähnliches wie ich bereits angedeutet, erwähnt Sueton von dem Leichnam des Kaisers C. Caligula, der im lamianischen Garten kein gehöriges Begräbnis gefunden hatte. Weil er nämlich nur leicht mit Rasen bedeckt worden war, so beunruhigte er die Besitzer des Gartens nicht wenig durch nächtlichen Lärm, bis er durch seine aus dem Exil zurückgekehrte Schwester wiederum ausgegraben und ihm ein ordentliches Begräbnis zuteil wurde.
Kastor: Auch das Haus, in welchem derselbe Kaiser starb, konnte, wie die Geschichte erzählt, durch kein anderes Mittel von den tobenden Schatten oder Dämonen befreit werden, als indem man es niederbrannte.
Pollux: Aristoteles erzählt als ein Wunder, dass es in Norwegen einen Berg gebe, der vom Meere umflossen sei und Hechelberg genannt werde; dieser Berg gebe, wie eine Hölle voll wehklagender Dämonen, so klägliche Töne von sich, dass fast bis auf eine Meile weit das Jammergeschrei und der Lärm vernommen werde; den Zugang dazu sollen sehr große, den Berg umkreisende Raben und Geier wehren. Auch sagt derselbe Autor, es sei auf Lipara, einer von den Äolischen Inseln, ein Grabhügel, wo man nachts Zimbeln und Kastagnettengeklapper nebst rohem, dämonischem Gelächter höre. Aber du hast vorhin kurz des Zazel erwähnt, der, wie du sagst, bei Pausanias den Namen Eurynomus führt, ich bitte dich, mir noch einiges von diesem Dämon zu sagen.
Kastor: Er soll, wie man erzählt, vom Fleisch der Toten leben, so dass er öfters nicht einmal die Gebeine übriglasse.

Pollux: Da kommt dir eine Stelle des Saro Grammaticus im 5. Buch seiner dänischen Geschichte sehr zustatten. Es findet sich nämlich dort eine wunderbare Erzählung von einem gewissen Asuit und Asmund, welche für deine Angabe einen hinreichenden Beweis liefern dürfte.
Kastor: Teile mir doch dieselbe mit, Pollux.
Pollux: Merke auf, die Sache verhält sich folgendermaßen: Asuit und Asmund hatten sich gemeinschaftlich durch einen Eid verbunden, dass der, welcher den andern überleben würde, sich mit dem Gestorbenen lebendig begraben lassen müsse. Asuit wurde nun zuerst von einer Krankheit hingerafft. Asmund ließ sich nun als Freund des Verstorbenen und wegen seines Eides nebst seinem Hunde und Pferde zugleich mit Asuit in einer großen Höhle lebendig begraben, nahm aber für eine lange Zeit ausreichende Nahrungsmittel mit sich hinein. Als nachher der schwedische König Erich mit einem Heere in jene Gegend kam und Asuits Grab, wo er einen Schatz vermutete, öffnen ließ, da fand man den Asmund mit entstelltem Gesicht und aus einer frischen Wunde blutend und brachte ihn ans Tageslicht hervor.
Kastor: Aber diese Geschichte gehört nicht zu unserem Gegenstand.
Pollux: Allerdings gehört sie dazu, wenn du die Verse betrachtest, in welchen Asmund selbst die Ursache seiner Wunde angibt.
Kastor: Zeige mir diese Verse, wenn du sie hast.
Pollux: Hier sind sie:

> Was staunet ihr, dass ihr so bleich mich seht?
> Der Lebende verkommt wohl unter Toten.
> Ich weiß nicht, welche Macht es zugelassen,
> Dass Asuits Geist der Unterwelt entstieg,
> Mit gierigen Zähnen erst das Ross verzehrte,
> Dann auch den Hund zum eklen Mahl sich nahm.
> Doch nicht zufrieden mit dem Pferd´ und Hunde,
> Reckt bald nach mir er seine Krallen aus,
> Zerfleischt mir meine Wange, reißt ein Ohr
> Hinweg, drum bin so grässlich ich entstellt,
> Und in der offnen Wunde quillt noch Blut.
> Allein nicht straflos blieb das Ungeheuer,
> Denn seinen Kopf schlug mit dem Schwert ich ab,
> Mit einem Pfahl durchbohrt´ ich seinen Körper.

Kastor: Wenn ich recht verstehe, hat Asmund den Kopf des Dämon Zazel oder Euronymus mit dem Schwerte abgehauen und seinen Körper mit einem Pfahl durchbohrt, wie? Haben denn die Dämonen auch Körper, die für unsere Sinne zugänglich sind?
Pollux: Cortesius behauptet, es sei ihrer Natur keineswegs versagt, dass sie die Hüllen von vegetabilischen Körpern annehmen und in verschiedene Gestalten sich verwandeln können, um die unvorsichtigen Menschen dadurch geschickter zu hintergehen. Auch Basilius der Große bezeugt, dass dieselben, wie die reinen Engel, ihre besonderen Körper haben. Derselben Meinung ist der Nekromantiker Psellus, wenn er sagt, dass die Dämonen auch ausruhen, den Ort wechseln und den Sinnen der Menschen sich zeigen. Sokrates behauptete, sein Dämon habe von Zeit zu Zeit mit ihm gesprochen, er habe ihn auch gesehen und bisweilen berührt. Indes findet bei diesen Körpern kein Geschlechtsunterschied statt, wie Marcus Cherronesus, ein großer Freund der Dämonen, schreibt, denn diese Körper sind einfach; der Geschlechtsunterschied aber gehört den zusammengesetzten Körpern an. Die dämonischen Körper sind höchst beweglich und von Natur zu jeder Verwandlung geschickt. Wie die Wolken bald die Gestalt von Menschen, bald von irgendeiner anderen Sache darstellen, so nehmen auch die Körper der Dämonen nach Belieben verschiedene Figuren an und erscheinen deshalb bald in männlicher, bald in weiblicher Gestalt. Indes soll eine solche Verwandlung nicht allen freistehen, sondern nur den Feuer- und Luftgeistern. Die Wassergeister dagegen haben, wie derselbe Marcus lehrt, träge Körper, und sie zeigen sich wegen der Weichheit des Elements besonderes als Vögel und Frauen, wie die von den Dichtern besungenen Najaden und Nereiden. Tritheim glaubt, dass die Dämonen die menschliche Gestalt jeder anderen vorziehen; wenn sie aber zu dieser keine taugliche Luftmaterie finden, so nehmen sie eine Form an, wie gerade die Feuchtigkeit oder der Dunst es gestattet, und erscheinen daher manchmal als Löwen, Wölfe, Schweine, Esel, Hippozentauren oder als Menschen mit Hörnern und Ziegenfüßen, dergleichen auf einem Berge Thüringens gesehen werden sollen.
Kastor: Porphyrius lehrt nach Eusebius „De Praeparat. Evangel.", dass die einen Dämonen gut, die anderen böse seien; ich habe bisher alle Dämonen für böse gehalten, Pollux.
Pollux: Du darfst weder den Behauptungen des Porphyrius noch des Apulejus oder Proklus oder anderer Platoniker Glauben schenken, wenn sie von guten Dämonen sprechen. Eusebius in der angeführten Schrift und

Augustinus in seinem Werke „De Civitate Dei" überführen die Platoniker durch die gewichtigsten Argumente, dass kein Dämon gut, sondern alle böse seien, was wir auch aus ihren Namen beweisen können, wie sie überall in der Heiligen Schrift vorkommen. Denn Dämon heißt dort z. B. Teufel, was einen abwärts Fließenden bedeutet, indem, wie Cassiodor schreibt, der Teufel, in seinem Stolze nach dem Höchsten trachtend, wie ein Strom in die unterste Tiefe hinabstürzte. Ferner kommt die Benennung Satan dafür vor, d. h. Widersacher, weil er nach dem Zeugnisse des heiligen Hieronymus in seiner Verworfenheit Gott, dem höchsten Gute, beständig widerstrebt. Andere gebräuchliche Ausdrücke dafür sind: Behemoth, was einen Ochsen bedeutet, indem er, wie ein Ochse, nach Heu verlangt, mit dem Zahne der Hinterlist und Bosheit das reine Leben geistiger Männer in den Kot zu ziehen sucht; ferner Leviathan, d. h. Zugabe, weil er immer Böses auf Böses, Strafe auf Strafe häuft; ferner Apollyon oder der Verderber, denn er sucht den Samen der Tugend, den Gott in die Seele legt, auszurotten. Schlange heißt er im 12. Kapitel der Offenbarung wegen seiner Giftigkeit; Löwe im letzten Kapitel des ersten Briefs Petri, weil er brüllend umhergeht und sucht, wen er verschlinge. Jesaias spricht im 34. Kapitel von Drachen, Straußen, Mardern, Geiern, Feldteufeln, Kobolden, Igeln und Weihen, und im 91. Psalm ist von Löwen, Ottern und Drachen die Rede. Im Evangelium heißt Mammon der Fürst dieser Welt und der Herr der Finsternis.

Kastor: Wie kommt es denn, dass nach der Meinung der Theologen der Allmächtige den Menschen zwei Dämonen beigegeben hat, einen guten als Beschützer und einen bösen, dem guten widerstrebenden, während doch alle böse sind?

Pollux: Unter dem guten Dämon verstehen die heiligen Lehrer einen guten Engel, wie dies z. B. der Begleiter des jungen Tobias war, der den bösen Geist Asmodi in die Wüste von Oberägypten verbannte.

Kastor: Es wäre doch jeder Mensch ohne die Beigabe eines bösen Dämons sicherer gewesen; was wollte deshalb der himmlische Vater damit?

Pollux: Dass wir unter dem Beistand des guten Dämons den Kampf gegen den bösen nicht lässig führen, sondern, angetan mit dem Panzer der Gerechtigkeit, mit Wahrheit umgürtet und mit dem Schild des Glaubens beschützt, alle seine Angriffe zurückweisen.

Kastor: Wenn wir in den Kampf mit den Dämonen uns einlassen, so entsteht meiner Ansicht nach die Frage, ob die Dämonen von Gott die Macht erhalten haben zu beschädigen oder ob sie von selbst beschädigen können, soviel sie wollen?

Pollux: Wenn das letzte der Fall wäre, wo würde das Schadenstiften kein Ende nehmen, besonders da die Macht der Dämonen so groß ist, dass der Evangelist Johannes keinen Anstand nimmt, sie die Fürsten dieser Welt zu nennen.

Kastor: Wie beschädigen sie denn?

Pollux: Obgleich sie sehr mächtige Geister sind, so beschädigen sie doch nur in Folge besonderer Zulassung oder, wie Chrysostomus sagt, mit beschränkter Gewalt. Denn ohne den Willen Gottes können sie einem Menschen kein Haar seines Hauptes krümmen. Jener Geist konnte die Propheten Ahabs nicht täuschen, außer nachdem er von Gott die Macht dazu erhalten hatte (1 Kön. 22). Ebenso konnte der Teufel dem Hiob nur insoweit Schaden zufügen, als Gott es zuließ. Die Zauberer Pharaos vermochten mit Hilfe des Teufels auf besondere Zulassung Gottes Frösche und Schlangen hervorzubringen, nicht aber Läuse, und da erkannten sie eine höhere Macht, die ihnen entgegentrat. Die bösen Geister konnten im Evangelium nicht in die Säue fahren, bis Christus es ihnen erlaubte.

Kastor: Es ist also der Teufel nicht so sehr zu fürchten, denn der Herr, unser Gott, erlaubt ihm entweder nicht, uns anzugreifen, oder wenn er auch nach seinem unerforschlichen Ratschluss ihm einige Gewalt lässt, so behütet und beschirmt er uns dagegen gnädiglich.

Pollux: Du hast recht, wie ein wilder Eber nicht zu fürchten ist, wenn er von einem kräftigen Mann an einer starken Kette gehalten wird und man vielmehr den, der ihn hält, fürchten und zum Freunde gewinnen muss, dass er ihn nicht loslässt, so darf uns auch vor dem Satan nicht bange sein, den der Allmächtige gefesselt hat, sondern wir müssen vielmehr Gott fürchten und ihn bitten, dass er dem Satan keine Gewalt über uns verleihe.

Kastor: Nach der Menschwerdung Christi wurden, wie wir wissen, die Dämonen die Herren dieser Welt genannt, weil sie eine so große Macht darin besitzen; es wundert mich nun, ob sie auch schon früher eine so große Gewalt über die Menschen gehabt haben?

Pollux: Allerdings, ich will nur z. B. an die Chaldäer erinnern, welche der Teufel mit solcher Blindheit schlug, dass sie den wahren Gott für nichts achteten und die Elemente verehrten. Bei den Griechen bedarf es kaum eines Beweises für meine Behauptung, denn wie der Hochmut des Teufels sie an der Nase herumgeführt, kann man schon daraus ersehen, dass sie den Saturn, der die eigenen Kinder verschlang, als einen großen Gott verehrten und den Jupiter, einen Ehebrecher und Vater aller Schändlichkeiten, den

Vater der Götter und Menschen nannten. Bacchus, das abscheulichste Muster der Sklaverei, hieß bei ihnen Vater Liber (der Freie). Die Venus, eine Ehebrecherin, hießen sie die Holde und Ehrwürdige, und die Buhldirne Flora verehrten sie als das Vorbild der Jungfräulichkeit. Dass die Ägypter noch schlimmer waren als die Griechen, weiß jedermann, denn auf Anraten der bösen Geister machten sie unvernünftige Geschöpfe zu ihren Göttern: der eine verehrte nämlich einen Ochsen, ein anderer einen Bock oder ein Kalb, viele ein Schwein, einen Raben, einen Habicht, einen Geier, einen Adler, ein Krokodil, einen Kater, einen Hund, einen Wolf, einen Affen, einen Drachen, ja sogar Feldgewächse wie Knoblauch und Ähren. Das Nähere darüber kann man bei Damascenus in der Geschichte von Josaphat und Barlaam sowie bei Eusebius im 4. Buch, 1. Kapitel seiner Schrift „De Praep. Evang." erfahren. Selbst die Hebräer, die sich doch des Geistes ihres Vaters Abraham so sehr rühmen, möchte ich nicht für besser halten als die eben genannten Völker, denn nach dem Auszug aus Ägypten wüteten sie auf Anreizung der Dämonen mit blutiger Hand gegen die Propheten und Gerechten Gottes, ganz zu schweigen davon, wie oft sie den Heidengöttern und bösen Geistern anhingen.

Kastor: Aus deiner Rede vernehme ich, dass bald dieser, bald jener Dämon zum Gott erhoben wurde; so machten, wie du sagst, die Griechen den Saturn, den Jupiter, den Bacchus, die Venus und Flora zu Göttern, während diese sogenannten Götter bei Lactanz im 4. Buche „De Vera sapientia" Dämonen heißen.

Pollux: Führe mir doch die Worte des Lactanz an.

Kastor: Recht gerne, sie lauten: Dämonen und Heidengötter sind ein und dasselbe. Wer mir dies etwa nicht glauben will, der wird es wenigstens dem Homer glauben, welcher den höchsten Jupiter den Dämonen beigesellt, so wie auch andere Dichter und Philosophen die Heidengötter bald Dämonen, bald Götter nennen, wovon das eine wahr, das andere falsch ist; denn wenn diese nichtswürdigen Geister beschworen werden, so bekennen sie sich als Dämonen, wo man sie aber verehrt, da geben sie sich für Götter aus, um die Menschen in Irrtümer zu stürzen und sie von der Verehrung des wahren Gottes abzuziehen, durch welchen man allein dem ewigen Tode entgehen kann.

Pollux: Ich bin schon öfters im Gespräche befragt worden, ob wohl die Dämonen imstande seien, die Zukunft voraussagen zu können. Hierüber konnte ich noch nicht ins klare kommen, denn diese Frage erschien mir bisher höchst schwierig.

Kastor: Der heilige Augustinus hat diesen gordischen Knoten in seiner Schrift von der Natur der Dämonen gelöst, indem er sagt: Die verdammten und in der Gottlosigkeit verhärteten Geister eignen sich bisweilen vielleicht deshalb eine Einsicht in die Zukunft an, weil sie bei ihren Luftkörpern ein weit feiners Vorgefühl haben als die Menschen in ihren irdischen Leibern; vielleicht auch weil sie durch die unvergleichliche Behändigkeit ihres Luftkörpers nicht nur die Menschen und Tiere, sondern auch den Flug der Vögel an Schnelligkeit übertreffen, so dass sie in dieser doppelten Hinsicht lange zuvor etwas verkündigen können, was wir bei der Trägheit unserer irdischen Sinne anstaunen. Auch müssen sie vermöge der Länge ihres Lebens in allen Dingen eine Erfahrung besitzen, wie wir bei der Kürze unseres Daseins, das fast einer Wasserblase gleicht, sie niemals erwerben können.

Pollux: Das letzte, was du aus Augustinus anführst, scheint mir begründeter als alles übrige, dass nämlich die lange Lebensdauer eine große Erfahrung verschafft.

Kastor: Wem die Ansichten des Augustinus etwa als irrtümlich erscheinen, der findet einen noch gewichtigeren Zeugen für solche Dinge an Damascenus, welcher im zweiten Buche vom orthodoxen Glauben sich also ausdrückt: Die Dämonen können die Zukunft nicht vorauswissen, da dies nur Gott zukommt, aber was sie wissen, das entnehmen sie aus dem Stande der Himmelskörper und der Ordnung der unteren Dinge.

Pollux: Warum lassen sie sich aber so gerne ins Wahrsagen ein? Haben sie denn einen Vorteil davon?

Kastor: Sie suchen dadurch großes Ansehen zu erlangen; sie wollen bewundert und als Götter verehrt werden.

Pollux: Bekanntlich ist der Teufel ein Vater der Lüge, Kastor; wir müssen daher glauben, dass es die Lüge ist, aus der seine Vorhersagungen hervorgehen.

Kastor: Deshalb heißt es bei Jesaias: Verkündiget uns, was hernach kommen wird, so wollen wir merken, dass ihr Götter seid. Und der Apostel Petrus sagt: Es ist noch nie eine Weissagung aus menschlichem Willen hervorgebracht, sondern die heiligen Menschen Gottes haben geredet, getrieben von dem Heiligen Geist.

Pollux: Es wird jedoch niemand bestreiten, dass die Dämonen bisweilen die Zukunft vorausgesagt haben.

Kastor: Gewiss nicht, aber aus welchem Grunde dies geschieht, zeigt Chrysostomus sehr klar in folgenden Worten: Es ist dem Teufel bisweilen gestattet, die Wahrheit zu sagen, um seine Lügen durch ein wenig Wahrheit zu empfehlen; denn wenn er die Wahrheit niemals sagen würde, so könnte er auch niemand betrügen. Soweit Chrysostomus. Wenn er auch für sich die Wahrheit weiß, so hat er doch nicht immer die Macht, sie vorher zu verkündigen; dessen ungeachtet will er die Zukunft enthüllen, und dies geschieht dann auf eine so dunkle Weise, dass, wie Augustinus sagt, er die ganze Schuld des Nichteintreffens auf den Ausleger schieben kann. Porphyrius, obgleich der größte Vorkämpfer der Dämonen und gleichsam der dämonischen Künste Großmeister, hält ebenfalls mit den angeführten Autoren die Kenntnis der Zukunft für eine selbst für die Götter sehr unzuverlässige und mit den meisten Zweideutigkeiten verknüpfte Sache.

Pollux: Die Wahrsagungen der Dämonen finden, wie du soeben gesagt, deshalb statt, weil sie sich in Ansehen bei den Gläubigen setzen und als Götter verehrt werden wollen. Zu welchem Zweck verrichten die bösen Geister auch Wunder?

Kastor: Was ist ein Wunder, Pollux?

Pollux: Ein neues und ungewöhnliches Ereignis, das gegen den gewohnten Gang der Dinge sich zuträgt und die Menschen zur Bewunderung hinreißt.

Kastor: Verrichten die Dämonen aber auch wirklich Wunder?

Pollux: Sie verrichten solche; aus welchem anderen Grunde als wegen seiner Wunder wurde Äskulap als Gott verehrt? Was anderes als das Wunder verlieh der Juno eine so große Autorität? Als nämlich ihr hölzernes Bild von Furius Camillus befragt wurde, ob es nach Rom gebracht werden wolle, erwiderte es mit menschlicher Stimme: Ja. Auch Fortuna wurde deshalb zur Göttin erhoben, weil ihre Statue am latinischen Wege vor vielen Ohrenzeugen nicht bloß einmal, sondern öfters eine Stimme von sich gab. Im 8. Kapitel der Apostelgeschichte lesen wir von den Wundern des Zauberers Simon und im zweiten Buch Mosis von den Wundern der Zauberer Pharaos, die vor vielen Zuschauern Frösche und Schlangen hervorbrachten und das Wasser in Blut verwandelten. Apulejus legt den Beschwörungen eine so große Macht bei, dass dämonische Menschen mit Hilfe derselben nicht nur Wunder zu verrichten, sondern auch die Natur umzukehren und durch Zaubergemurmel reißende Flüsse in ihrem Laufe aufzuhalten, den Winden eine andere Richtung zu geben, Sonne und Mond zu verfinstern, den Tag zu verlängern und die Nacht zu verkürzen imstande sein sollen, was Lucan in folgenden Worten andeutet:

> Keinen Wechsel mehr gab´s; gefesselt war von der langen

Nacht der Tag; es gehorchte der Äther keinem Gesetze,
Und urplötzlich erstarrte die Welt bei dem Zaubergesange.
Und Tibull sagt von einer Zauberin:
Diese sah ich selber Gestirn' vom Himmel herabziehn;
Raffendem Blitz auch hemmt diese den Flug mit Gesang.
Diese zerreißt durch Sprüche den Grund; ja Seelen aus Gräbern
Lockt sie hervor und entruft laulichem Brande Gebein.
Jetzo bannt sie des Orkus Gewühl mit magischem Misslaut;
Jetzt mit gesprengter Milch heißt sie entfernen den Fuß.
Wenn es gefällt, treibt diese dem traurigen Himmel Gewölk ab,
Ruft des Winters Schnee mitten im Sommer herbei.

Kastor: Jetzt wundere ich mich nicht mehr, dass Moses den Herrn wunderbar nannte, da er dem Auswurf unter den schlechtesten Menschen und jenen nichtswürdigen Verführern soviel Macht und Freiheit lässt.

Pollux: Warum er dies tut, zeigt Firmianus im vorletzten Buch seiner Schrift „De Opificio Dei" sehr schön. Er sagt nämlich, die Tugend könnte keine Tugend sein, wenn ihr nicht etwas gegenüber stände, in dessen Überwindung sie ihre Kraft erproben und zeigen könnte; denn wie der Sieg nicht ohne Triumph bestehen kann, so auch die Tugend nicht ohne einen Gegner. Sobald der Allmächtige dem Menschen die Tugend eingepflanzt hatte, gesellte er ihm sogleich auch den Feind bei, damit seine Tugend nicht in Untätigkeit einschlummere; denn nicht anders kann der Mensch zum höchsten Gipfel gelangen, als wenn er für sein Heil stets zum Kampfe gerüstet ist. Gott wollte nicht, dass der sterbliche Mensch ohne alles Hindernis auf geebnetem Wege zur unsterblichen Seligkeit gelange, sondern man muss mit dem Vater des Irrtums, dem Urheber alles Bösen, mit allen Kräften kämpfen.

Kastor: Aber es kommt vor, dass wir wegen der Schlingen und Fallstricke, die der böse Feind uns legt und womit er besonders einfältige oder abergläubische Menschen umgarnt, ihm nicht widerstehen können, oder wenn wir ihm sogar kräftig widerstanden zu haben glauben, werden wir doch von ihm betrogen, wie es jenem guten und dummen Hirten erging, von dem Tritheim erzählt.

Pollux: Was widerfuhr denn diesem Hirten?

Kastor: Tritheim sagt, es sei derselbe nicht sehr im Glauben bestärkt gewesen und habe den Namen des heiligen Blasius höher geachtet, als die Macht und den Schutz Gottes.

Pollux: Wieso?

Kastor: Er trug in seinem Hirtenstab einen Zettel mit dem Namen des heiligen Blasius und glaubte nun, durch die Kraft dieses Stabes seien seine Schweine vor allen Angriffen der Wölfe sicher; ja er hielt den Blasiuszettel für ein so kräftiges Schutzmittel, dass er die Schweine ganz allein auf dem Feld ließ. Da ereignete es sich einmal, während der Hirte von seiner Herde gerade auch abwesend war, dass ein Fremder an derselben vorüberging und den Teufel Wache halten sah. Der Fremde fragte ihn, was er denn da hüte, da er doch der schlimmste Verfolger der Menschen sei? Der Teufel erwiderte: Ich hüte die Schweine. Der Fremde fragte: Auf wessen Befehl? Der Teufel antwortete: Dem leichtgläubigen Hirten zu Gefallen; denn er hat einen Zettel in seinem Stock eingeschlossen, dem er eine göttliche Kraft zuschreibt, und weil der Name des heiligen Blasius daraufsteht, so glaubt er, dies schütze seine Schweine gegen die Wölfe, ein Aberglaube, durch welchen er eigentlich nur mir dient. Als er wiederholt von mir gerufen worden und nicht erschienen war, da übernahm ich an St. Blasius Stelle hier das Hirtenamt; denn wie ich immer gerne die Stelle Gottes und der Heiligen vertrete, so hüte ich auch sehr bereitwillig für seinen Blasius ihm jetzt die Schweine, damit der törichte Mann in seinem blinden Wahne bestärkt wird und stets einen solchen Zettel höher achtet als den Namen Gottes.

Pollux: Das ist eine drollige Geschichte; aber dass der Teufel einen so einfältigen Mann leicht hintergehen konnte, darüber wundere ich mich nicht, da schon viel klügeren Leuten dies begegnet ist, wenn sie sich in Dinge einlassen, welche die Kirche verbietet. Geschehen alle Wunder, welche die Menschen verrichten, mit Hilfe der bösen Geister?

Kastor: Nein, man kann auch der Natur einen Anteil davon zuschreiben, sie heißt nicht umsonst die große Wundertäterin, was wir z. B. beim Asbest sehen, der, einmal entzündet, nach dem Zeugnisse des Solinus nicht mehr erlösche. Josephus erwähnt in seiner Geschichte von der Zerstörung Jerusalems die Wurzel Baaras, die feuerfarben sei und bei Nacht glänze, die man aber sehr schwierig bekommen könne, indem sie den Händen dessen, der nach ihr greife, entwische und seine Augen so lange täusche, bis sie mit dem Urin eines menstruierenden Weibes begossen werde; aber auch durch dieses Mittel festgehalten, lasse sie sich nicht ohne Gefahr ausreißen, da den, der dies tue, ein plötzlicher Tod treffe, wenn er nicht durch ein Amulett von derselben Wurzel geschützt sei. Deshalb graben die, welche nicht bereits eine solche Wurzel haben, rings um die Wurzel herum, binden einen

Strick daran und an diesen einen Hund und entfernen sich schnell. Durch die Anstrengungen, welche der Hund macht, um seinem Herrn zu folgen, reißt er die Wurzel heraus, stirbt aber sogleich, worauf nun die Wurzel ohne alle Gefahr von jedermann zur Hand genommen werden kann. Josephus schreibt ihr eine so große Kraft bei Sühnungen zu, dass diejenigen, die von unreinen Geistern geplagt werden, sogleich frei sind, wenn sie dieselbe bei sich tragen. Aber auch die Kunst vermag in der Hervorbringung wunderbarer Wirkungen die Natur nachzuahmen; so lesen wir bei Aristoteles vom griechischen Feuer, das unter dem Wasser fortbrannte und wovon dieser Autor in einer besonderen Abhandlung mehrere Zusammensetzungen beschreibt. Auch gibt es ein Feuer, das durch Öl ausgelöscht, durch kaltes Wasser aber, wenn man solches darüberträufelt, entzündet wird.

Pollux: Es kommt bisweilen vor, dass die Dämonen sich bald in eine dünnere, bald in eine dichtere Lufthülle kleiden, um die Menschen durch allerhand gespensterhafte Gestalten zu erschrecken; gibt es nun nichts, wodurch wir dieselben vertreiben können?

Kastor: Origenes sagt in seiner Schrift gegen Celsus, es gebe kein sichereres Mittel als die Nennung des Namens Jesu, denn dadurch seien sowohl aus den Seelen auch aus den Leibern der Menschen schon unzählige Dämonen vertrieben worden. Athanasius empfiehlt in seiner Schrift von verschiedenen Fragen als ein höchst rasch wirkendes Mittel gegen die Angriffe böser Geister den Anfang des 68. Psalms, welcher also lautet: „Es stehe Gott auf, dass seine Feinde zerstreut werden und die ihn hassen, vor ihm fliehen". Cyprian verlangt in einer seiner Schriften, dass man die Dämonen durch Beschwörung beim wahren Gotte in die Flucht jagen solle. Einige glauben, das Feuer, als das heiligste Element und als das Symbol und Vehikel des oberen Feuers, sei hiezu ebenfalls sehr geeignet; deshalb brennt man Lichter bei den Särgen der Verstorbenen. Wie hoch Pythagoras das Feuer gehalten, ist bekannt, indem er sagte, man dürfe Gott nicht ohne Licht verehren. Andere gebrauchen Schwerter zur Vertreibung der Geister, wie wir bei Homer lesen, dass Ulysses bei einem Opfer, als er den Geist des Tiresias befragte, durch ein entblößtes Schwert die Schatten vom Opferblut abzuhalten suchte. Bei Virgil redet die Sibylle den Aeneas bei seinem Eingang in die Unterwelt also an:

> Fernt, Ungeweihte, o fernt euch!
> Du doch bewandle den Weg, und reiß

dein Schwert aus der Scheide.

Philostratus schreibt, Apollonius habe durch Schmähungen und Verwünschungen einen ihm und seinen Gefährten begegnenden Dämon in die Flucht getrieben, so dass dieser unter lautem Geräusch verschwunden sei. Manche loben in solchen Fällen einen Rauch aus Gichtrosen, Minze, Palma-Christi und Eppich. Viele empfehlen rote Korallen, Beifuß, Johanniskraut, Raute oder Eisenkraut. Einige halten auch das Klingeln mit Schlüsseln für wirksam.

Pollux: Von unseren Vorfahren sind, soviel ich weiß, auch Charaktere, die ein Fünfeck darstellten, zur Vertreibung der Dämonen angewandt worden, wie verhält es sich damit?

Kastor: Averroes schreibt an Algazel, dass die Charaktere nichts vermögen, als insofern sie Pakte mit den Dämonen sind.

Pollux: Aber wir lesen doch, Salomo, dieser ausgezeichnete Mann Gottes, habe solche Amulette gemacht.

Kastor: Allerdings, aber zu einer Zeit, wo er die Götzen verehrte, nicht solange er im Stande des Heils sich befand. Tertullian bezeichnet uns ein sichereres Mittel als vorgenanntes, indem er uns ermahnt, dass wir gleich Hiob, diesem starken Kämpfer Gottes, mit dem Purpur der Keuschheit und dem Kleide der Tugendhaftigkeit und Geduld angetan, gegen alle Anläufe und Versuchungen des Teufels kämpfen und bedenken sollen, dass alles, was der böse Feind zur Untergrabung unserer Tugendhaftigkeit unternimmt, zum Ruhme des Standhaften ausschlagen wird und dass ihm seine Machinationen von Gott zu dem Zwecke gestattet sind, damit wir Gelegenheit haben, unsere Standhaftigkeit zu bewähren, was der Prophet Jeremias in den Worten ausdrückt: Der Herr der Heerscharen prüft den Gerechten. Maximus ermahnt uns in seiner Schrift von der christlichen Liebe, dass wir die Dämonen niederschlagen und vernichten sollen. Das erstere geschieht, wenn wir Gottes Gebote halten und unsere Leidenschaften unterdrücken, vernichtet aber werden die Dämonen, wenn wir durch gänzlichen Mangel an Leidenschaften ihnen jede Gelegenheit zu Anklagen und Verleumdungen abschneiden und mit dem Propheten sprechen: Gehe, du Mörder, der Herr ist mit mir, der starke Streiter, du wirst fallen und bei mir in Ewigkeit nicht ankommen. Olympiodorus meint, man solle alle Zugänge der Sinne verschließen, damit der Teufel weder durch die Augen noch durch die Ohren, noch durch die leichtfertige Zunge bei uns einziehen könne. Dies hält er für das kräftigste Siegel gegen die

Dämonen. Einige sagen, wir sollen mit zwei Waffen in den Kampf ziehen, mit reinem Gebet und wahrer Erkenntnis, welche den Geist mit heilsamen Ansichten ausrüstet und uns eingibt, was wir beten sollen, damit wir, wie Jacobus verlangt, inbrünstig beten und nicht lässig. Bei dem Propheten Jesaias und dem heiligen Paulus (Jes. 59, Ephes. 6 und 1 Thess. 5) findet man ebenfalls Mittel zur Vertreibung der Gespenster.

Pollux: Gespenster? Sind denn die Gespenster nicht von den Dämonen verschieden?

Kastor: Ich weiß in der Tat nicht, was ich hierauf sagen soll; bei einer so großen Menge von Meinungen hierüber kann man kaum zu einer bestimmten Ansicht gelangen. Einige halten die Gespenster für Dämonen, welche nachts die Menschen in ihren Häusern schrecken, sie aufs äußerste belästigen und sogar manchmal beschädigen. Andere dagegen erblicken in den Gespenstern nur betrügerische Phantasiegebilde, welche abergläubische Leute schrecken und in Wirklichkeit keine Geister sein können, da die Geister körperlos seien, also weder Hände noch Füße haben und somit auch niemand beschädigen und keinen Lärm machen können. Aber es hat ja auch ein körperloser Engel, der also weder Hände noch Füße hatte, den Habakuk mit seinem ganzen Frühstück beim Schopf gefasst, ihn nach Babylon und wieder an die vorige Stelle zurückgebracht. Ferner hat der unkörperliche Geist des Herrn den Philippus genommen und ihn nach Asdod versetzt. Ich könnte hier auch noch von einem gleichfalls unkörperlichen Gespenste erzählen, welches das Haus meines Großvaters so beunruhigte, dass es ungefähr dreißig Jahre lang bei Nacht fast ganz unbewohnbar gewesen wäre, wenn man nicht beständig ein Licht gebrannt hätte, und auch da lief es nicht besonders ruhig ab, denn das Gespenst warf auf die am Hause Vorübergehenden Steine von oben nach der Straße hinab, so dass den Leuten die Fichtenspäne aus den Händen fielen, welche man dort als Leuchte gebraucht. Von dem Gespenst des Philosophen Athenodorus und dem Poltergeist des Caligula hast du bereits gesprochen. Aus diesem allem, glaube ich, lassen sich die Meinungen derer, welche leugnen, dass die Geister umgehen und einen Lärm machen können, leicht widerlegen; wie hoch ich aber die Behauptungen jener anschlage, welche sagen, diese Poltergeister seien weder Dämonen noch Gespenster, sondern die Seelen Verstorbener, darüber will ich mich ebenfalls erklären.

Pollux: Gibt es denn Leute, welche dieselben für die Seelen Verstorbener halten?

Kastor: Allerdings. Sie sagen, es seien die Seelen derer, die noch mit dem

Sauerteig der Sünde ihre Körper verlassen haben und die nun in den Häusern einen mehr oder weniger größeren Lärm machen, je nachdem bei Lebzeiten der Funke der Sünde mehr oder weniger in ihnen glühte, und wenn sie nicht inzwischen entweder durch Almosen oder durch Fürbitten oder durch irgendwelche Vergütung ihres begangenen Unrechts erlöst werden, bis zu dem bestimmten Ziele oder bis zum jüngsten Tage herumschweben müssen.

Pollux: Warum sollte dies nicht möglich sein?

Kastor: Weil, wie ich glaube, die Seelen derjenigen, die in Christo entschlafen, auch mit Christo leben und nicht auf Erden herumschweifen; diejenigen dagegen, die mit der Last der Sünden beschwert aus dem Leben gegangen sind, als Glieder des Satans mit dem Satan in der Hölle den Tag des Gerichtes erwarten.

Pollux: Aber Firmianus, ein Autor von keinem geringen Ansehen, ist in seiner Schrift von der göttlichen Belohnung anderer Meinung.

Kastor: Wieso?

Pollux: Dies sind seine Worte: Es glaube ja keiner, dass die Seelen nach dem Tode sogleich gerichtet werden; denn alle werden in einem gemeinschaftlichen Gewahrsam gehalten, bis die Zeit kommt, wo der höchste Richter ihre Verdienste prüfen wird. Diejenigen, deren Gerechtigkeit alsdann für bewährt gefunden wird, werden den Lohn der Unsterblichkeit empfangen; diejenigen aber, deren Sünden und Laster aufgedeckt werden, werden mit den Gottlosen zur ewigen Bestrafung in die Finsternis verstoßen werden.

Kastor: Dem Lactantius stimmt auch der heilige Augustinus in seinem Enchiridion bei, indem er sagt: Während der Zeit, die zwischen dem Tode des Menschen und der letzten Auferstehung liegt, bewohnen die Seelen verborgene Aufenthaltsörter, wo eine jede entweder Ruhe oder Qual empfängt, je nachdem sie es in ihrem zeitlichen Leben verdient hat.

Pollux: Gleicher Meinung ist der heilige Ambrosius im 2. Buch von Kain und Abel. Die Seele wird, sagt er, vom Körper gelöst, und nach dem Ende dieses Lebens harrt sie auf das künftige Gericht.

Kastor: So behaupten auch einige, die Seele des Kaisers Trajan sei herumgeschwebt, aber durch die Fürbitte des heiligen Gregor erlöst worden.

Pollux: Du hast nun verschiedene Meinungen über diese Geister angeführt; aber sage mir doch genau, welcher Seite du dich zuwendest, denn aus unserem Gespräch konnte ich bis jetzt noch zu keinem sicheren Schluss

gelangen.
Kastor: Ich halte solche Poltergeister für nichts als Satansgespenster, die man nicht zu fürchten braucht, keineswegs aber für die Seelen Verstorbener, die entweder, wenn sie rechtschaffen gelebt haben, bei Christus sind oder im andern Fall zugleich mit dem Satan in Ketten liegen.
Pollux: Jetzt, mein lieber Kastor, haben wir noch über einen Punkt zu sprechen. Es kam schon einige Male vor, dass mein Vater mir im Schlaf erschien, was du vielleicht auch für ein leeres Traumgebilde erklären wirst.
Kastor: Allerdings, damit du aber nicht sagen kannst, ich rede in den Tag hinein, will ich deine Meinung durch die Worte des heiligen Augustinus widerlegen.
Pollux: Nun, ich bin begierig, sie zu hören.
Kastor: In einer seiner Schriften („De mortuorum cura") sagt er folgendes: Die menschliche Schwachheit glaubt, dass, wenn sie einen Verstorbenen im Traum sieht, dies die Seele desselben sei; wenn sie aber von einem Lebenden träumt, so ist sie überzeugt, dass weder die Seele noch der Körper, sondern nur das Bild desselben ihr erschienen sei, als ob nicht auch die Bilder der Verstorbenen, ohne dass diese etwas davon wissen, den Schlafenden erscheinen könnten. Dass beides geschehen könne, weist der heilige Augustinus an zwei zu Mailand vorgekommenen Fällen nach. Der erste Fall ist folgender: Einem Sohne erschien das Bild seines verstorbenen Vaters und ermahnte ihn, dass er einem ungerechten Gläubiger eine bereits bezahlte Schuld nicht zum zweiten Mal bezahlen solle. Der Vater hatte nämlich einem Gläubiger eine Schuld bezahlt, welche dieser nach dessen Tode von dem Sohne forderte und dem nun das Bild des Vaters im Schlafe anzeigte, wo die Quittung verborgen liege. Der Sohn stand sogleich auf, suchte und fand die Quittung an dem bezeichneten Ort und vereitelte dadurch den elenden Plan des betrügerischen Gläubigers. Der zweite Fall, dass nämlich Lebende den Lebenden im Schlafe erscheinen können, betraf den heiligen Augustinus selbst, der die Sache folgendermaßen erzählt: Der Rhetor Eulogius, welcher Ciceros Rhetorik zu Karthago vortrug, stieß auf eine ihm völlig unklare Stelle, über deren Sinn er sich bei Tag und Nacht abquälte. Da erschien ihm einmal das Bild des Aurelius Augustinus, der zu Mailand lebte, und belehrte ihn, wie jene dunkle Stelle zu verstehen sei.
Pollux: Also schließt Augustinus unzweifelhaft, dass diese Erscheinungen keine Seelen seien.
Kastor: Allerdings, und um seine Ansicht noch mehr zu begründen, fügt er hinzu, wenn die Seelen der Verstorbenen sich in die Angelegenheiten der

Lebenden mischten, so wüsste er gewiss, dass seine fromme Mutter ihn auch nicht eine Nacht verlassen würde, da sie ihm während ihres Lebens zu Wasser und zu Lande überallhin gefolgt sei und ihn in jeder Trauer getröstet habe. Damit jedoch der Priester Christi in seiner Rede nicht allzu hart erscheint, so lehrt er, dass diejenigen nicht irren, welche behaupten, dass die guten Engel auf Befehl und Anordnung Gottes bisweilen die lebenden Menschen anstatt der Seelen der Verstorbenen im Schlaf besuchen, jedoch nicht ohne Einschränkung, sondern nur an der Stelle derjenigen Seelen, die so gelebt haben, dass Gott sie dieser Gnade für würdig erachtet, oder auch derjenigen, bei denen ohne alle Rücksicht auf ihre Verdienste Gott in seiner unerforschlichen Barmherzigkeit es zulässt, dass sie durch die Fürbitten der Lebenden Vergebung ihrer Sünden und Erlösung von ihren Qualen erlangen.

Pollux: Ich habe schon gelesen, dass derselbe Augustinus den Ausspruch getan, es sei besser, hinsichtlich des Verborgenen zu zweifeln, als über das Ungewisse zu streiten.

Kastor: Ganz richtig, und er sagt, dass er es denen durchaus nicht verarge, welche dies alles den unerforschlichen Gerichten Gottes überlassen und es nicht bis auf den Grund zu untersuchen sich bemühen.

Pollux: Weil du mir bisher so bereitwillig geantwortet hast, so werde ich nicht zu fragen aufhören, bis dieser ganze Gegenstand erschöpft ist. Sage mir doch auch, ob alle Wunder, welche die Dämonen verrichten, in Wirklichkeit geschehen oder nur scheinbar?

Kastor: Dass viele Wunder wirklich und viele nur scheinbar stattfinden, kann ich dir gleichfalls aus den Schriften des Augustinus dartun. Dieser große Kirchenvater schreibt nämlich im 11. Kapitel seines Buches von der Dreieinigkeit, es sei den verworfenen Geistern etwas sehr Leichtes, vermittelst ihres Luftkörpers vieles auszurichten, was die durch ihre irdischen Leiber beschwerten Menschen anstaunen. Es seien ja auch, sagt er, die irdischen Körper bisweilen in verschiedenen Künsten und Übungen so gewandt, dass sie bei theatralischen Schauspielen das Staunen derer, die noch nie ähnliches gesehen haben, im höchsten Grade erregen: Wie sollte es nun für den Teufel und seine Engel etwas Großes sein, aus den Elementen des Körperlichen lustige Leiber zu bilden, welche das Fleisch anstaunt, oder wie sollte es schwierig für ihn sein, durch geheime Eingebungen zur Täuschung der menschlichen Sinne Fantasiegebilde zu schaffen, wodurch sowohl Wachende als Schlafende betrogen werden? Soweit Augustinus. Wenn du willst, so führe ich dir noch einen anderen

gewichtigen Zeugen an.
Pollux: Ich will hören.
Kastor: Der Abt Tritheim schreibt in der dritten von seinen Fragen an den Kaiser Maximilian: Die Dämonen scheinen bei den Heiden die Toten zu erwecken und führen auf solche Weise den neugierigen Menschen Wunder vor Augen, um dieselben dadurch im Irrtum zu befestigen und völlig verstockt zu machen, während sie in Wahrheit keine Toten erwecken, sondern auf verschiedene Weise die Sinne der Leute benebeln und ihnen nur erdichtete Gestalten von Toten vorführen. Es ist bekannt, dass die Dämonen alle Wunder, welche die Heiligen in Wahrheit verrichten, auch zu tun imstande sind, aber nur in falschen Gebilden.
Pollux: Man sagt, dass die Dämonen nur den bösen Menschen wegen der Ähnlichkeit ihres Charakters gehorchen, was hältst du davon?
Kastor: Was ich davon halte? Dass sie den Bösen gehorchen, aber nicht allen.
Pollux: Welchen denn?
Kastor: Solchen, mit denen sie einen Bund abgeschlossen haben, wozu z. B. die Hexen gehören.
Pollux: Wenn diese dieselben zu ihren Dienern gemacht haben, ist dieser Dienst ein wirklicher oder nur ein Scheindienst?
Kastor: Es ist nur ein Scheindienst; denn die bösen Geister dienen den Menschen gerne und aus eigenem Antrieb, um sie zu betrügen und zu sich zu locken, obgleich ich nicht in Abrede ziehen will, dass ihr Gehorsam bisweilen ein aufrichtiger ist, wenigstens bei Leuten, die fest an den Herrn Jesum Christum glauben und einen heiligen Lebenswandel führen. Dies bezeugt auch Lactantius im 2. Buch vom Ursprung des Irrtums, indem er sagt: Die Dämonen fürchten die Gerechten, d. s. die Verehrer Gottes. In seinem Namen beschworen, verlassen sie die Körper (der von ihnen Besessenen), und von den Worten der Gottesverehrer wie mit Peitschen gegeißelt, geben sie sich nicht nur als Dämonen zu erkennen, sondern nennen auch ihre Namen und vermögen die Gerechten durchaus nicht zu belügen. Derselbe Lactantius sagt in seiner Schrift von der wahren Weisheit 4. Buch, 27. Kapitel: Die christliche Religion muss notwendig wahr sein, da sie sowohl die Weise der Dämonen und ihre Schlauheit kennt als auch ihre Kraft dämpft, sie mit geistigen Waffen bändigt und die bezwungenen zum Glauben nötigt.
Pollux: Nun bin ich über alles, was ich zu wissen wünschte, aufs genaueste von dir belehrt worden, deswegen will ich dich nicht länger mit meinen

Fragen oder vielmehr mit Rätseln belästigen und von anderen Geschäften abhalten.

Kastor: Du warst deinerseits nicht lästig im Entgegnen, und deshalb glaube ich, hat jeder gegen den andern mit Billigkeit gehandelt. Lebe also wohl!

Pollux: Lebe gleichfalls wohl!

Weitere Bücher aus dem Christof Uiberreiter Verlag:

Das goldene Blatt der Weisheit
Seila Orienta/Franz Bardon

Zum ersten Mal in der okkulten Literatur wird die 4. Tarotkarte des Hermes Trismegistos verständlich beschrieben und offengelegt. Sie beinhaltet unbekannte Konzentrations- und Meditationsübungen. Des Weiteren gibt sie Hinweise und erklärt die Unterschiede zwischen Magie und Mystik und Gefahren des einseitigen Weges. Am Ende steht die Verbindung mit der universellen Gottheit, dem Herrn der Sonnensphäre, welcher quabbalistisch „Metatron" genannt wird.

*

5. Tarotkarte – Mysterien des Steins der Weisen
Seila Orienta/Franz Bardon

Dieses Buch stellt die Vorderseite der Alchemie dar, die die einzelnen praktischen Übungsschritte erklärt, ohne die verschlüsselten Mystifikationen der alten Alchemisten auch nur annähernd zu erwähnen, wie man es aus den anderen Büchern des Franz Bardon kennt. Es wird erklärt, dass ohne vollkommene Beherrschung der 4 Elemente keine Alchemie möglich ist. Des Weiteren wird mit den einzelnen Ebenen, mit den Matrizen, dem elektromagnetischen Fluid usw. gearbeitet. Doch der Hauptpunkt stellen die göttlichen Eigenschaften wie z. B. die Allmacht dar, mit denen der Göttliche Stein der Weisen durch gewisse Übungen geladen wird.

*

Talismanologie und Mantramkunde
Seila Orienta/Franz Bardon

Zum ersten Mal werden hier (magisch) geladene Mantrams – Gebetssätze – preisgegeben, welche bei nötiger Reife, Ausgeglichenheit und Reinheit durchdringende Erfolge versprechen. Mantrams sind ja nach Bardon nicht irgendwelche „Suggestionssätze", sondern sie sind Ideenausdrücke, mit denen man mit Mächten, Kräften, Eigenschaften, also Gottheiten, in Verbindung kommen kann. Gleichzeitig werden die dazugehörigen Siegelzeichen der göttlichen Ideen preisgegeben, welche im rituellen

Zusammenhang mit den Mantrams stehen. Ein Buch, dass nicht nur die Hermetiker sondern auch die Anhänger der Yogawissenschaften inspirieren wird!

*

Eine Sammlung der schönsten und lehrreichsten Beschwörungsgeschichten
Hohenstätten

Dieses Buch ist einzigartig, denn es zeigt den zweiten Band von Franz Bardon an Hand von interessanten Evokationsberichten, die genau das bestätigen, was Bardon in seinem Buch geschrieben hat, und noch darüber hinaus. Es werden sensationelle Erlebnisse geschildert, die man sonst niemals findet. Auch aus unveröffentlichten Schriften wird zitiert.

*

Verkörperungen des Meister Arion
Hohenstätten

Man wird beim Lesen dieses Buches nicht glauben, wie viele bekannte und unbekannte Inkarnationen Franz Bardon hatte. Die paar, die im „Frabato" bekannt gegeben wurden, stellen nur einen geringen Teil seiner Verkörperungen dar. Wir mussten, da es dermaßen wenig Literatur über die Verkörperungen gab, wieder hunderte und aberhunderte von Büchern, Aufsätzen, Zeitschriften und Artikeln durcharbeiten, bis wir genügend Material für dieses Buch hatten. Aber der Leser wird sich beim Lesen sicherlich über unsere Arbeit freuen, denn sie wird ihn in Erstaunen versetzen!

*

Shamballa, der goldene Tempel des Lichts
Hohenstätten

Dieser Tempel dürfte jeden Leser von Bardons Roman „Frabato" fasziniert haben. Dass es aber in der okkulten Literatur noch viel mehr Informationen darüber gibt, die man aber nur findet, wenn man alles Veröffentlichte gelesen hat, dürfte dem einen oder anderen unbekannt sein. Es wurden wieder ganze Stöße von Büchern durchgesehen und das Ergebnis wird hier veröffentlicht. Es wird aber gleichzeitig darauf hingewiesen, wie viel Schundliteratur es darüber gibt, wie viel Lügen im Umlauf sind, damit sich der Schüler der Hermetik ein klares Bild machen kann. Wir bringen in diesem Buch alles, was wir an Material darüber gefunden haben und es wird auch noch einiges aus der eigenen Erfahrung, was das Wertvollste ist, mitgeteilt. Nicht nur über den Tempel wird berichtet, sondern auch über die damit verbundene „Bruderschaft des Lichts", dessen Sitz er darstellt.

*

Auf der Suche nach Meister Arion
Hohenstätten

Diese Autobiographie eines Schüler der Hermetik des Franz Bardon schildert sein magische Leben, in welcher zahlreiche Erfahrungen zu den Übungen aus dem Adepten geschildert werden, die die Haupt- person selbst erlebt hat. Es wird der schwere Weg des Adepten aus autobiographischer Sicht gezeigt, seine vielen Tiefschläge, aber auch seine glanzvollen Seiten und Zeiten. Der harte Kampf mit dem Seelenspiegel wird bis in alle Einzelheiten aufgezeigt, genauso wie die vielen anderen Wege, in welche der Autor reinschnupperte um dadurch reichlich Erfahrung sammeln zu können. Darüber hinaus enthält es unzählige Erfahrungen und Berichte betreffs Mantramistik nach Bardon, die wahre Runenmagie, zahlreiche Evokationen sowie Invokationen mit seinem Lehrer Anion, einen magischen Exorzismus, wie er bisher noch nie öffentlich geschildert wurde. Mentalreisen, Beeinflussungen, Übungen zur Gottverbundenheit, Erscheinungen, Alchemie, Heilungen mit den verschiedensten magischen Methoden z. B. Quabbalah oder durch die Elemente, Schutzgeist- evokationen und viele andere magische „Wunder" seines Freundes und Lehrers Anion. Auch einige magische Fotos in Farbe, ein bisher von Bardon unveröffentlichtes Akashafoto von Christus und ein Bild des schwebenden Meister Arion werden in diesem Buch preisgegeben. Der Inhalt ist viel reichlicher, als hier kurz beschrieben werden kann.

*

Magisches Gleichgewicht
Hohenstätten

Dieses Buch zeigt eindeutig, dass in allen anderen Systemen das „Gleichgewicht" genauso gebraucht wird, wie bei Bardons Werken. Er war nicht der einzige, der das erwähnte, aber er war der erste, welche es deutlich erklärte, denn die anderen Systeme sprachen nur durch das Symbol, welches nicht jedem Leser verständlich war. Obendrein bringen wir noch unveröffentlichtes vom Meister Arion zu dieser Grundlage der magischen Entwicklung.

*

Das Leben und die Erfahrungen eines wahren Hermetikers
Seila Orienta

Diese Autobiographie eines Magiers ist unübertroffen, denn bis jetzt hat kein einziger, okkult Geschulter, so offen und ehrlich gesprochen wie Seila Orienta. Er gibt in diesem Werk sein Leben bekannt, sowie seine zahlreichen und äußerst interessanten Erlebnisse und Erfahrungen. Es werden auch zum ersten Mal Fotos von Wesen der Sphären gezeigt, welche Franz Bardon höchstpersönlich in den 20ern gemacht hat. Des Weiteren schreibt Seila Orienta über die Sphären, über Dämonen, Logenkontakte und vieles vieles mehr, was einem ehrlich strebenden Hermetiker das Herz übergehen lassen wird.

*

Das Leben des Franz Bardon
Hohenstätten

Dieses Buch beschreibt das Leben des Meisters außerhalb des Frabatos, welches seine Sekretärin – Otti V. – geschrieben hat. Es beinhaltet Erklärungen zu seiner „Biografie", weitere Einzelheiten über den Kampf mit der FOGC, seine Beziehung zu Wilhelm Quintscher und anderen Okkultisten, was alles bisher unbekannt war! Des Weiteren werden viele Erlebnisse seiner Schüler in Prag erzählt, verschiedene magische Leistungen und interessante Geschichten Bardons beschrieben, die bis dato unveröffentlicht sind. Es werden auch seine drei Lehrwerke und deren Wirkung auf die Öffentlichkeit von einem anderen, unbekannten Standpunkt geschildert, welcher durch bisher schwer zugänglichen Schriften unterstützt wird. Als Krönung wird seine aus dem tschechischen übersetzte „Runenschrift" zum ersten Mal veröffentlicht. Auch einige Seiten aus anderen unveröffentlichten Schriften von ihm sowie interessante Fotos des Meister Bardon und seiner Freunde werden hier Preis gegeben und vieles, vieles mehr.

*

In Verbindung mit der Gottheit
Hohenstätten

Über das Thema der Gottverbundenheit mit all seinen Formen und

Methoden wurde bis heute noch nie ein Buch verfasst geschweige denn eine Schrift geschrieben. Man findet in der okkulten wie in der östlichen Literatur nur spärliche Hinweise, die größtenteils verschlüsselt sind oder so geschrieben wurden, dass man sie kaum versteht. Im Gegensatz dazu wird in diesem Buch offen dargelegt, dass das 1. kleine Arkanum der 78 Tarotkarten die Gottverbundenheit in ihrer Reinform darstellt.

*

Hermetische Heilmethoden
Hohenstätten

Dieses Buch stellt in der okkulten Literatur ein absolutes Unikum dar, denn über die Gesamtheit der okkulten Heilmethoden wurde bis jetzt noch NIE etwas sinnvolles geschrieben. Es werden alle Heilmethoden erwähnt, die der hermetische Schüler mit Hilfe seiner bisher erlangten Konzentrationsfähigkeit ausüben und verwenden kann.

*

Erste hermetische Zeitschrift

„Der hermetische Bund teilt mit" ist eine der wenigen magisch-mystischen Zeitschriften, welche sich soweit als möglich auf die universelle Lehre von Franz Bardon bezieht. Sie versucht sich an die Gesetze des 4-poligen Magneten zu halten und vermittelt Wissen sowie Hinweise für die Praxis, damit der Leser die Möglichkeit hat, sie in seinen hermetischen Weg aufzunehmen und für sich gewinnbringend zu verarbeiten.

Noch viel mehr hermetische Literatur finden Sie auf unserer Website: http://www.hermetischer-bund.com.

Viel Vergnügen beim Stöbern!

Der Verlag